야나두 현지 영어
미국에서 한 달 살기

야나두 현지 영어
미국에서 한 달 살기 Indoors ❶

지은이 다락원&야나두 콘텐츠팀
펴낸이 정규도
펴낸곳 (주)다락원

초판 1쇄 발행 2021년 10월 1일
  2쇄 발행 2023년 2월 3일

총괄책임 정계영
기획·편집 오순정, 이선영, 김현정
디자인 All Contents Group
감수 야나두 콘텐츠 연구소

🏫 **DARAKWON** 경기도 파주시 문발로 211
내용문의 (02)736-2031 내선 327
구입문의 (02)736-2031 내선 250~252
Fax (02)732-2037
출판 등록 1977년 9월 16일 제406-2008-000007호

COPYRIGHT 2021 DARAKWON&YANADOO

값 15,000원
ISBN 978-89-277-0146-0 14740
    978-89-277-0143-9(세트)

야나두 현지 영어

미국에서 한 달 살기

Indoors ❶

야나두 × 다락원

머리말

💬 100% 미국에서 건너온 리얼 회화
한 달 동안 B&B 가족과 쉬운 영어로 소통하기! 💬

1. 〈미국에서 한 달 살기〉 미국인 가족과 나눈 대화로 만들었습니다.

'우리 집을 안내해줄게.'
'이 한국 과자 먹어볼래?'
'어느 야구 팀 응원해?'

이 책은 주인공 리나가 〈미국에서 한 달 살기〉를 하며 B&B 가족과 함께 나눈 대화를 수록했습니다. 다정한 존슨 가족의 집에서 생활하며 나눈 생생한 대화를 만날 수 있습니다. 한국 과자를 나눠 먹고, TV를 보면서 좋아하는 야구팀을 응원하고, 같이 미국 음식을 요리하면서 주고받는 대화를 통해 여러분의 영어 실력을 자연스럽게 향상시켜보세요.

2. 쉬운 영어로 현지에서 소통하고 싶은 분을 위해 만들었습니다.

간단한 문장으로 소통하는 주인공 리나와 가족들의 대화를 통해 쉬운 영어로도 현지에서 통할 수 있다는 자신감을 키워줍니다. '휴대폰의 저장 공간을 늘려야겠어.'를 영어로 말하려고 할 때 어떤 동사를 쓰면 좋을까요? 원어민은 free up이라는 표현을 많이 써요. 이 책에서는 우리에게 이미 친숙한 단어들로 원어민이 어떻게 말하는지 보여드립니다. 또한, 서로 다른 문화를 소개할 때 유용한 표현을 알려드립니다. 미국의 도로에서 흔히 볼 수 있는 멈춤 표지판이 뭔지 설명하고, 해물파전을 부치면서 어떤 요리인지 소개하는 장면 등을 통해서 활용도 높은 문장을 배울 수 있습니다. 집 안팎의 상황 속에 등장하는 다양한 어휘와 응용 표현이 나오는 100% 미국에서 건너온 리얼 생활 밀착 영어를 만나보세요.

3. We'll take you out to the world!
여러분의 영어 실력을 밖으로 나오게 해드립니다.

이 책은 식사 준비와 재활용품 분리 같은 집안일부터 남매간의 사소한 갈등까지 집에서 벌어지는 다양하고 친숙한 상황에서 활용할 만한 쉬운 회화를 담았습니다. 이렇게 '집 안'에서 익힌 영어 회화를 밖에서도 쓸 수 있어야겠죠? 이 책은 이미 여러분이 가지고 있는 기본적인 영어 실력을 다지고 발전시켜 '집 밖'에서 활용할 수 있게 해드립니다. 이 책으로 공부하며 존슨 가족과 친해지다 보면, 기초 어법과 리얼한 회화 표현을 다른 상황에서도 자신감 있게 말하게 될 것입니다.

CONTENTS

CONTENTS

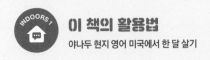

INDOORS 1

이 책의 활용법

야나두 현지 영어 미국에서 한 달 살기

① 인트로

오늘의 대화는 어떻게 흘러갈까요?
학습할 내용을 확인하고 상황을 상상
하면서 워밍업해보세요.

② Live Talk

리나와 존슨 가족의 대화, 혹은
각 구성원의 단독 vlog를 MP3
로 듣고 읽으면서 내용을 파악해
보세요.

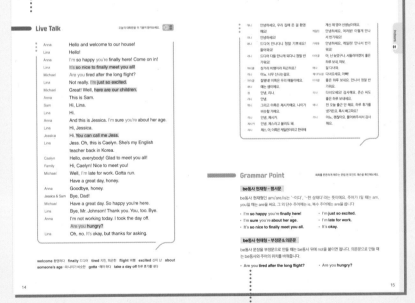

③ Grammar Point

Live Talk에 녹아 있는 기초 문법을 확인하고 공부하세요.
회화가 튼튼해집니다.

④ Expression Point

회화 실력을 업그레이드해주는 표현을 친절한 설명과 함께 수록했습니다.
응용 예문을 수록하여 표현력을 더 확장할 수 있게 했습니다.

⑤ Drill 1

Expression Point에서 배운 표현을 응용해서 영작해보는 코너입니다. 보기를 참고해서 꼭 영작해보세요. 직접 써보면 표현을 내 것으로 만드는 데 큰 도움이 됩니다.

⑥ Drill 2

Live Talk과 Expression Point에서 중요한 문장을 뽑아 말하기 연습을 하는 시간입니다. MP3로 문장을 따라 말하고 외우면 실전에 활용하기 쉬워집니다.

한 달 동안 B&B 가족과
쉬운 영어로 소통하기

Let's get started!

두근두근 존슨 가족과의 첫 만남

안녕, 여러분! 전 리나의 영어 선생님 케일린이에요.
리나가 미국에서 한 달 동안 지낼 존슨 씨 집에 도착했어요.
존슨 씨 가족들을 함께 만나볼까요?

> 케일린 선생님, 여기 이 집이에요!
> 저 근데 너무 떨려요.

 아이, 뭘 걱정해요.
다들 반가워할 거예요.
자, 심호흡 한 번 팍 하고 가볼까요?

Live Talk

오늘의 대화문을 귀 기울여 들어보세요.

Anna	Hello and welcome to our house!
Lina	Hello!
Anna	I'm so happy you're finally here! Come on in!
Lina	It's so nice to finally meet you all!
Michael	Are you tired after the long flight?
Lina	Not really. I'm just so excited.
Michael	Great! Well, here are our children.
Anna	This is Sam.
Sam	Hi, Lina.
Lina	Hi.
Anna	And this is Jessica. I'm sure you're about her age.
Lina	Hi, Jessica.
Jessica	Hi. You can call me Jess.
Lina	Jess. Oh, this is Caelyn. She's my English teacher back in Korea.
Caelyn	Hello, everybody! Glad to meet you all!
Family	Hi, Caelyn! Nice to meet you!
Michael	Well, I'm late for work. Gotta run. Have a great day, honey.
Anna	Goodbye, honey.
Jessica & Sam	Bye, Dad!
Michael	Have a great day. So happy you're here.
Lina	Bye, Mr. Johnson! Thank you. You, too. Bye.
Anna	I'm not working today. I took the day off. Are you hungry?
Lina	Oh, no. It's okay, but thanks for asking.

welcome 환영하다 **finally** 드디어 **tired** 지친, 피곤한 **flight** 비행 **excited** 신이 난 **about someone's age** ~와 나이가 비슷한 **gotta** ~해야 하다 **take a day off** 하루 휴가를 내다

애나	안녕하세요, 우리 집에 온 걸 환영 해요!		계신 제 영어 선생님이에요.
리나	안녕하세요!	케일린	안녕하세요, 여러분! 이렇게 만나 서 반가워요!
애나	드디어 만나다니 정말 기쁘네요! 들어와요!	가족들	안녕하세요, 케일린! 만나서 반가 워요!
리나	드디어 다들 만나게 되다니 정말 반 가워요!	마이클	아, 난 늦었구나. 서둘러야겠어. 좋은 하루 보내, 여보.
마이클	장거리 비행이라 피곤하죠?	애나	잘 다녀와.
리나	아뇨. 너무 신나는걸요.	제시카&샘	다녀오세요, 아빠!
마이클	잘됐네! 이쪽은 우리 애들이에요.	마이클	좋은 하루 보내요. 만나서 정말 반 가워요.
애나	얘는 샘이에요.		
샘	안녕, 리나.	리나	다녀오세요! 감사해요. 존슨 씨도 좋은 하루 보내세요.
리나	안녕.		
애나	그리고 이쪽은 제시카예요. 나이가 비슷할 거예요.	애나	전 오늘 출근 안 해요. 하루 휴가를 냈거든요. 혹시 배고파요?
리나	안녕, 제시카.	리나	아뇨, 괜찮아요. 물어봐주셔서 감사 해요.
제시카	안녕. 제스라고 불러도 돼.		
리나	제스. 아, 이쪽은 케일린이라고 한국에		

Grammar Point

회화를 튼튼하게 해주는 문법 원 포인트 레슨을 확인해보세요.

be동사 현재형 – 평서문

be동사 현재형인 am/are/is는 '~이다', '~한 상태다'라는 뜻이에요. 주어가 I일 때는 am, you일 때는 are을 써요. 그 외 단수 주어에는 is, 복수 주어에는 are을 씁니다

- I'm **so happy** you're **finally here!**
- I'm **sure** you're **about her age.**
- It's **so nice to finally meet you all.**

- I'm **just so excited.**
- I'm **late for work.**
- It's **okay.**

be동사 현재형 – 부정문 & 의문문

be동사 문장을 부정문으로 만들 때는 be동사 뒤에 not을 붙이면 됩니다. 의문문으로 만들 때 는 be동사와 주어의 위치를 바꿔줍니다.

- Are you **tired after the long flight?**
- Are you **hungry?**

It's so nice to finally meet you all!

드디어 다들 만나다니 정말 반가워요!

It's는 It is를 줄인 말이에요. It이 단수여서 뒤에 be동사 is가 왔어요. 〈It's+형용사+to meet you〉는 '만나서 ~해요'라는 뜻이에요. 여기서 so는 '매우, 아주'라는 강조의 뜻으로 쓰였어요.

It's **wonderful** to meet **them**.	그들을 만나서 너무 좋아.
It's **so great** to meet **you all**.	너희들을 만나서 아주 기뻐.

➕ 누군가를 만나서 기쁘다고 할 때 동사 meet을 쓰는 건 처음 만났다는 뜻입니다. 전에 만난 적이 있다면 meet이 아닌 see를 씁니다. 따라서 아래 문장에서 see 대신 meet을 쓰면 어색한 문장이 됩니다.

It's **nice** to see **you again**.　　　　　너를 다시 만나서 기뻐.

I'm just so excited.

너무 신나는걸요.

나의 기분이나 상태를 표현할 때는 be동사 현재형인 I'm 뒤에 기분이나 상태를 나타내는 형용사를 붙이면 됩니다. 여기에 '그냥, 단지, 정말'이라는 뜻의 just를 붙이면 '그냥 ~해' 또는 '정말 ~해'라는 뜻이 됩니다.

I'm just **tired**.	그냥 피곤해.
I'm just **curious**.	그냥 궁금해.
I'm just **happy**.	정말 행복해.

Here are our children.

이쪽은 우리 애들이에요.

옆에 있는 사람을 소개할 때는 Here is~를 쓸 수 있어요. '이쪽은 ~예요'라는 뜻이지요. 여러 사람을 소개할 때는 Here are~을 쓰면 됩니다.

Here is Britney Spears.	이쪽은 브리트니 스피어스입니다.
Here is Pororo.	이 친구는 뽀로로예요.

➕ Here is/are 다음에 사람이 아닌 사물이 오면 '여기 ~가 있어'라는 뜻이에요. 물건을 건네줄 때 쓰는 표현이에요.

Here is your eraser.	네 지우개 여기 있어.

You can call me Jess.

제스라고 불러도 돼.

call은 '부르다'라는 뜻의 동사로 〈call me A〉는 '나를 A라고 부르다'라는 뜻이에요. 처음 만난 상대가 호칭을 어려워할 때 '그냥 편하게 ~라고 불러'라고 말하는데 바로 그럴 때 쓰는 표현이에요. 만약 내 이름이 Michael Jackson인데 처음 만난 사람이 나를 Mr. Jackson이라고 부른다면 You can call me Michael.(그냥 마이클이라고 부르세요.)이라고 할 수 있어요. A 자리에는 이름을 줄여 부르는 애칭이 오는 경우도 많습니다.

You can call me Dan.	댄이라고 불러도 돼요. (Dan은 Daniel을 줄여 부르는 애칭임)
You can call me Al.	알이라고 불러도 됩니다. (Al은 Albert를 줄여 부르는 애칭임)

Are you hungry?

배고파요?

be동사 현재형 문장을 의문문으로 바꿀 때 be동사와 주어의 위치를 바꾼다고 했지요? Are you hungry?는 You are hungry.(너는 배가 고프다.)라는 평서문을 의문문으로 바꾼 형태예요. 이렇게 상대방의 기분이나 상태를 물을 때는 Are you 뒤에 형용사를 붙여서 물어보면 됩니다.

Are you tired?	피곤하니?
Are you sad?	슬퍼?
Are you crazy?	너 미쳤어?

Drill 1

학습한 내용을 응용하여 영작해보세요.

1

_____

당신을 만나서 기분이 너무 좋아요. **보기** to, you, it's, meet, awesome

2

_____

난 그냥 화가 났어. **보기** angry, just, I'm

3

_____

이쪽은 제 아내입니다. **보기** my, is, here, wife

4

_____

리사라고 불러도 돼. (Lisa는 Elizabeth의 애칭임) **보기** me, you, Lisa, call, can

5

_____

신나? **보기** excited, you, are

Drill 2

영어를 가리고 한국어를 보면서 바로 말할 수 있는지 체크해보세요.

☐ 드디어 다들 만나다니 정말 반가워요!	It's so nice to finally meet you all!
☐ 장거리 비행이라 피곤하죠?	Are you tired after the long flight?
☐ 너무 신나는걸요.	I'm just so excited.
☐ 이쪽은 우리 애들이에요.	Here are our children.
☐ 나이가 그 애랑 비슷할 거예요.	I'm sure you're about her age.
☐ 제스라고 불러도 돼.	You can call me Jess.
☐ 난 회사에 늦었구나.	I'm late for work.
☐ 전 오늘 출근 안 해요.	I'm not working today.
☐ 하루 휴가를 냈거든요.	I took the day off.
☐ 배고파요?	Are you hungry?

정답 **1** It's awesome to meet you. **2** I'm just angry. **3** Here is my wife. **4** You can call me Lisa. **5** Are you excited?

한 달 동안 지낼 집 구경

애나가 한 달 동안 리나가 지낼 아늑한 방을 구경시켜준다고 하네요.
미국 집은 한국 집과 어떻게 다를까요?

리나, 짐을 다 풀었으면
집 구경을 하면 어때요?

 안 그래도 애나가 하우스 투어를
해주신대요. 선생님도 같이 가세요!

Live Talk

Anna Let me give you a tour of the house.

That is the living room and this side is the kitchen. The walls were bright green, but we recently painted them light gray.

Oh, those are some chocolate chip cookies that Sam baked for us this morning.

Sam was stoked you were coming.

Lina Aww, that's so sweet.

Anna Sam is a sweet boy.

Oh, and that is the bathroom.

Caelyn 집 정말 좋다! 리나, 여기 2층인 거 알죠?

Lina I was so excited to hear that you had a second floor.

Anna Okay. Let's go up, then!

And this room will be yours for the month.

Lina Wow! It's so pretty!

Anna Actually, it was Jessica's room until recently, but now she's letting you use it.

Lina Was she okay with it?

Anna Yes! She actually volunteered!

---

give a tour of ~을 구경시켜주다   **recently** 최근에   **paint A (색깔)** A를 (색깔)로 칠하다   **bake** 굽다
stoked 기쁜, 신이 난   **sweet** 다정한, 달콤한   **second floor** 2층   **actually** 사실은, 실제로   **until**
recently 최근까지   **let+목적어+동사원형** (누가) ~하게 해주다[허락하다]   **volunteer** 자진하다, 자원하다

애나	제가 집 구경을 시켜줄게요. 저기가 거실이고 이쪽이 주방이에요.
	벽이 밝은 초록색이었는데, 최근에 옅은 회색으로 칠했어요.
	아, 이건 샘이 오늘 아침에 우리 주려고 구운 초콜릿 칩 쿠키예요.
	샘이 리나가 온다니까 아주 좋아했어요.
리나	어머, 다정해라.
애나	얘가 참 상냥해요. 아, 저기가 욕실이에요.
케일린	집 정말 좋다! 리나, 여기 2층인 거 알죠?
리나	2층이 있다는 얘기에 엄청 설렜거든요.
애나	그랬군요. 그럼 올라가보죠! 이 방이 한 달 동안 리나의 방이 될 거예요.
리나	와! 진짜 예뻐요!
애나	사실 최근까지 제시카 방이었는데, 리나 쓰라고 내준 거예요.
리나	그래도 괜찮았어요?
애나	그럼요! 실은 제시카가 나서서 그러겠다고 한걸요!

Grammar Point

회화를 튼튼하게 해주는 문법 원 포인트 레슨을 확인해보세요.

be동사 과거형 – 평서문

be동사 is/am의 과거형은 was이고, are의 과거형은 were입니다. be동사 과거형인 was / were는 '~했다[였다]'로 해석하면 됩니다.

- The walls were **bright green.**
- I was **so excited.**
- Sam was **stoked.**
- It was **Jessica's room.**

be동사 과거형 – 부정문 & 의문문

was/were 뒤에 not을 붙이면 부정문이 되어 '~하지 않았다', '~이 아니었다'라는 뜻이 됩니다. was not을 줄여서 wasn't, were not을 줄여서 weren't라고 말할 때가 많습니다. 또 was/were를 주어 앞에 쓰면 의문문이 됩니다.

- Was she **okay with it?**

Let me give you a tour of the house.
제가 집 구경을 시켜줄게요.

---

let은 '~하게 해주다'라는 뜻이므로 〈Let me＋동사원형〉은 '내가 ~하게 해줘', 즉 '내가 ~해줄 게[할게]'라는 뜻이 됩니다. 선뜻 나서거나 제안을 할 때 쓰는 표현이에요. 길을 가다 도움이 필요한 사람이 보이면 Let me help you.(제가 도와드릴게요.)라고 말하며 도와주면 됩니다.

Let me help you.	제가 도와드릴게요.
Let me try one more time.	내가 한 번 더 해볼게.
Let me show you how to do it.	그거 어떻게 하는지 내가 보여줄게.

Sam was stoked you were coming.
샘이 리나가 온다니까 아주 좋아했어요.

---

stoked는 very happy, extremely happy처럼 '아주 기쁜'이라는 뜻의 속어입니다. stocked 자체가 엄청나게 기쁘다는 뜻이어서 앞에 very를 붙이지 않아도 됩니다.

I was stoked to see her. 그녀를 봐서 너무 기뻤어.
Are you stoked about this trip? 이번 여행 생각에 엄청 기쁘니?
We're really stoked to announce this news.
이런 소식을 알리게 되어 너무 기쁩니다.

I was so excited to hear that you had a second floor.
2층이 있다는 얘기에 엄청 설렜거든요.

---

excite는 '흥분시키다, 들뜨게 하다'라는 뜻의 동사이고, excited는 '흥분된, 들뜬, 신난'이라는 뜻의 형용사예요. 따라서 I was so excited to~는 '~해서 정말 신났어[기뻤어]'라는 뜻이에요.

I was so excited to **meet him.** 그를 만나서 너무 신이 났어.
I was so excited to **receive the award.** 그 상을 받아서 너무 기뻤어.
I was so excited to **discover it.** 그걸 발견해서 너무 흥분됐어.

This room will be yours for the month.

이 방이 한 달 동안 리나의 방이 될 거예요.

your는 '너의'라는 뜻이고, 여기에 -s가 붙은 yours는 '너의 것'이라는 뜻입니다. 따라서 A will be yours라고 하면 'A는 너의 것이 될 거야'라는 의미가 됩니다. my(나의), mine(나의 것)도 함께 기억해두세요.

This bag will be yours. 이 가방은 너의 것이 될 거야.
That building will be yours soon. 저 건물은 곧 너의 것이 될 거야.
One day, all this will be yours. 언젠가 이 모든 게 다 너의 것이 될 거야.

Actually, it was Jessica's room until recently.

사실 최근까지 제시카 방이었어요.

until은 '~까지'이고 recently는 '최근에'이므로 until recently는 '최근까지'라는 의미입니다. until에는 그 전까지는 그랬는데 이후에는 그렇지 않다는 뜻이 포함돼 있습니다.

He worked until 5 p.m. 그는 오후 5시까지 일했다.
She taught at the school until last year.
그녀는 작년까지 그 학교에서 교사로 근무했다.

Drill 1

학습한 내용을 응용하여 영작해보세요.

1

_____

내가 나가는 길을 안내해줄게.　　　　　　보기 you, show, out, let, me, the, way

2

_____

난 아빠가 돼서 너무 기뻤어.　　　　　　보기 stoked, a, I, was, to, father, become

3

_____

당신과 함께 일하게 되어서 무척 설렜어요.　　보기 I, so, was, to, with, work, you, excited

4

_____

이번 학기 끝나면 이 책은 너의 것이 될 거야.

　　　　　　　　보기 this, will, yours, be, semester, this, after, book

5

_____

우리는 비가 그칠 때까지 안에 머물렀다.　　보기 inside, we, the, until, stopped, stayed, rain

Drill 2

영어를 가리고 한국어를 보면서 바로 말할 수 있는지 체크해보세요. 02 02

☐ 제가 집 구경을 시켜줄게요.	Let me give you a tour of the house.
☐ 벽이 밝은 초록색이었어요.	The walls were bright green.
☐ 우리가 최근에 벽을 옅은 회색으로 칠했어요.	We recently painted the walls light gray.
☐ 샘이 리나가 온다니까 아주 좋아했어요.	Sam was stoked you were coming.
☐ 2층이 있다는 얘기에 엄청 설렜거든요.	I was so excited to hear that you had a second floor.
☐ 이 방이 한 달 동안 리나의 방이 될 거예요.	This room will be yours for the month.
☐ 사실 최근까지 제시카 방이었어요.	Actually, it was Jessica's room until recently.
☐ 그 애가 리나 쓰라고 내준 거예요.	She's letting you use it.
☐ (그 애는) 그래도 괜찮았어요?	Was she okay with it?

정답　**1** Let me show you the way out. **2** I was stoked to become a father. **3** I was so excited to work with you. **4** This book will be yours after this semester. **5** We stayed inside until the rain stopped.

리나를 깨우는 미국식 아침 식사

30분만 더 자겠다고 하던 리나가 아침 메뉴를 듣더니 정신이 번쩍 드나봐요.
리나의 잠을 깨운 아침 메뉴는 무엇일까요?

리나, 일어나야죠!
오늘 일정 있다고 하지 않았어요?

 맞아요, 선생님…
그런데 저 너무 졸려요.

Michael	Lina! It's time to get up!
	Lina? Are you still sleeping?
Lina	Um… just thirty more minutes!
Caelyn	30분만 더라뇨? 리나, 지금 8시 반이에요!
Lina	8시 반이요?
Lina	Do I have to get up now?
Michael	Wake up, sleepy head! Actually, we eat breakfast at 8! I made my famous pancakes and waffles just for you!
Lina	Pancakes and waffles?
Michael	Sam and Jessica started to eat. They don't want to wait for you! They're going to eat it all up!
Lina	OK! I'm coming now.

it's time to~ ~할 시간이다   **get up** 일어나다   **still** 아직도, 여전히   **minute** (시간 단위의) 분, 잠깐
wake up 일어나다   **sleepy head** 잠꾸러기   **famous** 유명한, 명성이 자자한   **wait for** ~를 기다리다
eat it all up 전부 다 먹다

마이클	리나! 일어날 시간이야! 리나? 아직 자니?
리나	으… 30분만 더요!
케일린	30분만 더라뇨? 리나, 지금 8시 반이에요!
리나	8시 반이요?
리나	지금 일어나야 해요?
마이클	일어나야지, 잠꾸러기야! 우리는 8시에 아침을 먹는단다!
	내가 너 주려고 명성이 자자한 팬케이크와 와플을 만들었어.
리나	팬케이크랑 와플이요?
마이클	샘과 제시카는 먹기 시작했어. 걔들은 널 안 기다려줄 거야!
	다 먹어버릴걸!
리나	알았어요! 지금 갈게요!

Grammar Point

회화를 튼튼하게 해주는 문법 원 포인트 레슨을 확인해보세요.

일반동사 현재형 – 평서문

eat(먹다), run(달리다) 등 주어의 행동이나 움직임을 나타내는 동사를 '일반동사'라고 합니다. 현재 하는 동작뿐만 아니라 반복해서 하는 일이나 습관을 말할 때도 현재형을 씁니다. 주어가 3인칭 단수일 때는 일반동사에 -s나 -es를 붙여요.

• **Actually, we eat breakfast at 8!**

일반동사 현재형 – 부정문 & 의문문

부정문을 만들 때는 동사 앞에 do의 부정형인 don't를 붙여주면 되는데, 주어가 3인칭 단수일 때는 don't 대신 doesn't를 붙입니다. 의문문을 만들 때는 do나 does를 문장 맨 앞(주어 앞)에 붙이면 됩니다. 3인칭 단수의 경우 Does를 붙여서 의문문을 만드는데, 이때 주어 뒤에 오는 동사는 -s나 -es를 붙이지 않은 원형을 사용합니다. 문장을 물음표로 끝내는 것 잊지 마세요.

• **They don't want to wait for you!**
• **Do I have to get up now?**

It's time to **get up!**
일어날 시간이야!

바쁜 일상 속에서 계획대로 생활하려면 꼭 알아야 할 표현이에요. It's time to~는 '~할 시간이야'라는 뜻입니다. get up이 '(앉거나 누워 있다가) 일어나다'라는 뜻이므로 It's time to get up.은 '일어날 시간이야.'라는 뜻이에요. *Time to say goodbye*(헤어져야 할 시간)라는 노래 제목처럼 It's를 생략하고 쓸 때도 많아요.

It's time to **say goodbye!**	이제 헤어질 시간이야!
It's time to **eat breakfast!**	아침 먹을 시간이야!
It's time to **go to bed!**	자야 할 시간이야!

Are you still **sleep**ing?
아직 자니?

〈be동사+동사-ing〉형태는 '~하고 있는 중이다'라는 뜻의 현재진행형이에요. be동사가 들어간 문장에서 주어와 be동사의 위치를 바꾸면 의문문이 되므로 〈Are you+동사-ing?〉는 '너 ~하고 있어?'라는 뜻이 됩니다. 여기에 '아직도, 여전히'라는 뜻의 still을 넣으면 '너 아직도 ~하고 있는 거야?' 하며 다소 답답해하는 뉘앙스가 추가됩니다.

Are you still **crying?**	아직도 울고 있어?
Are you still **eating dinner?**	아직도 저녁 먹는 거야?
Are you still **driving?**	여태 운전 중이야?

Do I have to **get up now?**
저 지금 일어나야 해요?

I have to~는 '난 ~해야 해'라는 뜻이에요. 문장 맨 앞에 Do를 붙여 Do I have to~?라고 하면 '내가 ~해야 해?'라는 의문문이 됩니다. 어떤 지시나 부탁을 받았을 때 Do I have to?라고 물으면 '내가 꼭 (그렇게) 해야 돼?'라며 못마땅하게 묻는 표현이 됩니다.

Do I have to **eat lunch?** 　　　제가 점심을 꼭 먹어야 하나요?
Do I have to **clean my room?** 　내 방 청소를 해야 돼?
Do I have to **drive you home?** 　내가 너를 집까지 태워줘야 해?

They don't want to **wait for you!**
걔들은 널 안 기다려줄 거야!

일반동사 현재형인 want 앞에 don't를 붙여서 They don't want to~라고 하면 '그들은 ~하고 싶어 하지 않아'라는 뜻이 됩니다. '그/그녀는 ~하고 싶어 하지 않아'라고 하려면 don't 대신 doesn't를 써서 He/She doesn't want to~로 표현하면 됩니다.

They don't want to **be late.** 　　그들은 지각하길 원치 않아요.
They don't want to **take the bus.** 　그들은 그 버스를 타고 싶어 하지 않아요.
They don't want to **sing along.** 　　걔들은 노래를 따라 부르고 싶어 하지 않아.

I'm **coming now!**
지금 갈게요!

〈be동사＋동사-ing〉는 어떤 동작이나 상태가 현재 진행 중이라는 것을 나타내는 현재진행형이라고 했지요. 〈I'm＋동사-ing〉는 '나는 ~하고 있어', 〈She is＋동사-ing〉는 '그녀는 ~하고 있어'라는 뜻이에요.

We are **staying** home now. 　　우리 지금 집에 있어요.
She is **taking** a TOEIC test. 　　그녀는 토익 시험을 보는 중입니다.
➕ 〈be동사＋동사-ing〉가 가까운 미래에 '~할 거야'라는 뜻으로 쓰일 때도 있어요.
I'm **working** out from tomorrow. 　나 내일부터 운동할 거야.

Drill 1

학습한 내용을 응용하여 영작해보세요.

1

_____

집에 갈 시간이야!　　　　　　　　　　　보기 go, time, home, it's, to

2

_____

너 아직도 라디오 듣고 있니?　　　　보기 still, are, to, listening, you, radio, the

3

_____

내가 설거지해야 해요?　　　　　보기 dishes, do, wash, the, have, I, to

4

_____

그들은 너와 체스를 두고 싶어 하지 않아.　보기 chess, play, want, you, they, to, with, don't

5

_____

우린 등산 중이야.　　　　　　　보기 mountain, we're, climbing, a

Drill 2

영어를 가리고 한국어를 보면서 바로 말할 수 있는지 체크해보세요. 03 02

☐ 일어날 시간이야!	It's time to get up!
☐ 아직 자니?	Are you still sleeping?
☐ 저 지금 일어나야 해요?	Do I have to get up now?
☐ 사실 우리는 8시에 아침을 먹는단다!	Actually, we eat breakfast at 8!
☐ 걔들은 널 안 기다려줄 거야!	They don't want to wait for you!
☐ 지금 갈게요!	I'm coming now!
☐ 아직도 저녁 먹는 거야?	Are you still eating dinner?
☐ 그들은 지각하길 원치 않아요.	They don't want to be late.
☐ 제가 점심을 꼭 먹어야 하나요?	Do I have to eat lunch?
☐ 우리 지금 집에 있어요.	We are staying home now.

 정답　**1** It's time to go home! **2** Are you still listening to the radio? **3** Do I have to wash the dishes? **4** They don't want to play chess with you. **5** We're climbing a mountain.

침대 정리로 여는 상쾌한 아침

여러분은 잠자리에서 일어나면 바로 침구 정리를 하나요?
사람마다 습관이 다르겠지만 이왕이면 단정하고 깔끔한 게 보기 좋긴 하죠.
오늘 리나는 어떻게 하는지 함께 보시죠.

리나, 일어났어요?

 네. 잘 자고 났더니 배가 고프네요.

뭐 먹기 전에 침대 정리부터 해야죠!

Live Talk

Lina   Aw, I slept well.

Stre~tch! Oh, that feels great.

Ooooh, I'm hungry.

Caelyn   [문자] 배고픈 거 알지만, 뭐 먹기 전에 침대 정리부터 해야죠!

Lina   Right. I didn't make my bed in Korea.

But you know what? I'll be a good girl and make my bed.

Wow, I must have moved around a lot.

I pulled out the bed sheets! Oh, no.

Okay, let's tuck the bed sheets in first.

And… spread the blanket out.

Make sure each side is even. Yay.

Ta-da! Did I do a good job?

Caelyn   [문자] 네! 아주 잘했어요, 리나! 침대가 깔끔하네요.

Lina   Right. Now, I'm gonna go downstairs and check on everyone else!

---

sleep well 잘 자다 (과거형 slept)   **stretch** 기지개를 켜다, 늘이다   **make one's bed** 침대를 정리하다 **move around** 돌아다니다   **pull out** 잡아당겨서 빼내다   **bed sheet** 침대 시트   **tuck in** (속으로) 밀어 넣다, 많이 먹다   **spread out** 펴다   **make sure** 반드시 ~하도록 하다   **even** 균등한, 공평한   **go downstairs** 아래층으로 내려가다   **check on** ~가 잘 있는지 확인하다

리나	아, 잘 잤다.
	쭈우우우~윽! 오, 개운해.
	아, 배고파.
케일린	[문자] 배고픈 거 알지만, 뭐 먹기 전에 침대 정리부터 해야죠!
리나	맞아요. 한국에서는 침대 정리를 안 했는데요.
	근데 말 잘 듣고 침대 정리를 해보죠, 뭐.
	와, 많이 뒤척였나 봐요. 침대 시트가 빠져나왔네요! 세상에.
	자, 먼저 침대 시트를 집어넣을게요.
	그리고… 이불을 잘 펴줄게요.
	양쪽을 반듯하게 해주고요. 예.
	짜잔! 저 잘했나요?
케일린	[문자] 네! 아주 잘했어요, 리나! 침대가 깔끔하네요.
리나	좋아. 이제 내려가서 가족들은 뭐 하나 봐야지!

Grammar Point

회화를 튼튼하게 해주는 문법 원 포인트 레슨을 확인해보세요.

일반동사 과거형 – 평서문

일반동사 과거형을 만들 때는 walk(걷다)–walked(걸었다), pull(당기다)–pulled(당겼다)처럼 동사 뒤에 -ed를 붙이는 규칙이 있어요. 하지만 run(달리다)–ran(달렸다), sleep(자다)–slept(잤다)처럼 불규칙하게 변하는 동사도 있습니다.

- I slept well.
- I pulled out the bed sheets!

일반동사 과거형 – 부정문 & 의문문

일반동사 과거형 문장을 부정문으로 만들려면 do의 과거형 did의 부정형인 didn't를 동사 앞에 붙여주면 됩니다. 이때 didn't 뒤에는 동사원형을 씁니다. 일반동사 과거형 문장을 의문문으로 만들려면 do의 과거형 did를 문장 맨 앞에 붙입니다. 이때 〈Did + 주어〉 뒤에 오는 동사는 원형을 씁니다.

- I didn't make my bed in Korea.
- Did I do a good job?

But you know what?

근데 그거 아세요?

You know what?은 다음에 하려는 말을 강조하거나 상대방의 주의를 끌 때 쓰는 표현입니다. 우리말로는 '저기 있잖아', '그거 알아?' 정도의 의미라고 보면 됩니다.

You know what? I still trust you.	그거 알아? 난 아직도 널 믿어.
You know what? I think I like you.	저기 있잖아, 나 널 좋아하나 봐.
You know what? I'm starving.	있잖아, 나 무지하게 배고파.

I'll be a good girl and make my bed.

말 잘 듣고 침대 정리를 해볼게요.

---

make the/one's bed는 '침대를 만든다'는 뜻이 아니라 잠자고 일어난 '침대를 정리한다'는 뜻입니다. 사용한 이불과 침대 시트를 보기 좋게 해놓고 베개도 원위치에 놓으면 끝!

Don't forget to make the bed.	침대 정리하는 거 잊지 마.
Please make the bed before you go out.	외출 전에 침대 정리 부탁해.
I'll make my bed later.	침대 정리는 나중에 할게요.

Spread the blanket out.

이불을 잘 펴줄게요.

---

spread out은 '펴다, 펼치다'라는 뜻입니다. spread만 써도 같은 뜻이지만 out이 붙으면 더 쫙 펼치는 것 같은 강조의 느낌을 줍니다. spread의 과거형과 과거분사형은 spread입니다.

Spread out your fingers.	손가락을 쫙 펼치세요.
Spread out the map on the desk.	책상 위에 지도를 쫙 펼쳐봐.
The eagle spread out its wings.	독수리가 날개를 한껏 펼쳤다.

Make sure each side is even.

양쪽을 반듯하게 해주고요.

---

make sure은 '확실하게 하다'라는 뜻입니다. Make sure 뒤에 절(주어+동사)을 붙이면 '~하는 거 확실히 해라', '반드시[꼭] ~해라'라는 뜻이 됩니다. 상대방에게 뭔가를 잊지 말고 확실하게 하라고 당부하는 표현이에요.

Make sure you call him.	꼭 그에게 전화하세요.
Make sure you're home by midnight.	자정까지는 반드시 집에 와야 해.
Make sure the television is off.	TV 끄는 거 잊지 마.

I'm gonna go downstairs and check on everyone else!

내려가서 가족들은 뭐 하나 봐야지!

---

check on 뒤에 사람이 나오면 '~가 잘 있는지 확인하다'라는 뜻입니다. gonna는 going to 를 줄인 말로 구어체에서 많이 쓰이는 표현이에요. go downstairs는 '계단을 내려가다'이고, 반대로 '계단을 올라가다'는 go upstairs라고 하면 됩니다.

I'll go and check on the children. 가서 아이들 잘 있나 볼게요.
The doctor checked on the patients. 의사는 환자들의 안부를 살폈다.
You have to check on your employees sometimes.
때때로 직원들이 잘 지내는지 확인해야 한다.

1

_____

그거 알아? 완벽한 사람은 없어.　　　　　보기 no, you, one, what, is, perfect, know

2

_____

침대를 정리할 충분한 시간이 없었어.　보기 have, I, make, time, didn't, to, the, bed, enough

3

_____

그들은 바닥에 깃발을 쫙 펼쳤다.　　　보기 the, on, they, out, spread, the, floor, flag

4

_____

반드시 우리 주변에 아무도 없도록 해.　보기 make, is, there, no, sure, one, us, around

5

_____

위층에 가서 아기가 잘 있는지 볼게요.　보기 check, I'll, baby, go, on, and, the, upstairs

☐ 잘 잤다.	I slept well.	
☐ 한국에서는 침대 정리를 안 했는데요.	I didn't make my bed in Korea.	
☐ 근데 그거 아세요?	But you know what?	
☐ 말 잘 듣고 침대 정리를 해볼게요.	I'll be a good girl and make my bed.	
☐ 침대 시트가 빠져나왔네요!	I pulled out the bed sheets!	
☐ 먼저 침대 시트를 집어넣을게요.	Let's tuck the bed sheets in first.	
☐ 이불을 잘 펴줄게요.	Spread the blanket out.	
☐ 양쪽을 반듯하게 해주고요.	Make sure each side is even.	
☐ 저 잘했나요?	Did I do a good job?	
☐ 내려가서 가족들은 뭐 하나 봐야지!	I'm gonna go downstairs and check on everyone else!	

정답　**1** You know what? No one is perfect. **2** I didn't have enough time to make the bed. **3** They spread out the flag on the floor. **4** Make sure there is no one around us. **5** I'll go upstairs and check on the baby.

제시카와 함께 동네 한 바퀴

오늘은 리나와 제시카가 조깅을 하러 나왔네요.
리나가 미국에서 알찬 시간을 보내는 것 같죠?
둘이 조깅하며 나누는 대화를 들어볼까요?

저희 조깅하러 나왔어요.

 조깅하면서 리나에게
동네 구경을 시켜주려고요.

재밌겠네요. 즐거운 시간 되세요~

Live Talk

Caelyn	What are you girls up to today?
Lina	We're going to go for a run!
Jessica	This is our first run together.
	I'm going to show Lina around the neighborhood as we run!
Caelyn	Alright. Have fun!
Lina&Jessica	Thank you!
Lina	This is a quiet neighborhood.
Jessica	Yeah, residential areas are usually really quiet.
Lina	What's that?
Jessica	That's a park. We go there often for picnics and barbeques.
Lina	Sounds like fun!
	Hey, Jess. I'm a bit tired. Can we go back?
Jessica	Sure! Let's turn back.
Lina	Let's just walk.

go for a run 조깅하러 가다　**show around** 구경시켜주다　**neighborhood** 동네, 근처, 이웃　**quiet** 조용한　**residential area** 주택가　**usually** 보통, 대개　**picnic** 소풍　**barbeque** 바비큐　**sound like** ~처럼 들리다　**a bit** 조금, 약간　**turn back** 돌아가다

케일린	오늘은 뭐 할 거예요?
리나	조깅하러 갈 거예요!
제시카	저희가 함께하는 첫 조깅이에요.
	조깅하면서 리나에게 동네 구경시켜주려고요!
케일린	네, 즐거운 시간 보내요!
리나&제시카	고맙습니다!
리나	동네가 조용하네.
제시카	맞아, 보통 주택가는 아주 조용해.
리나	저건 뭐야?
제시카	공원이야. 가족끼리 종종 저기서 피크닉이나 바비큐를 해.
리나	재미있겠다!
	제시카, 나 좀 지쳤어. 돌아가도 될까?
제시카	그럼! 돌아가자.
리나	그냥 걷자.

Grammar Point

회화를 튼튼하게 해주는 문법 원 포인트 레슨을 확인해보세요.

be동사 + 명사

be동사 다음에 명사가 오면 의미상으로 '주어＝명사'가 되므로 '~는 ~이다'라고 해석합니다.
She is my friend.에서 She(그녀)＝my friend(내 친구)인 셈이지요. 이때 명사 앞에 명사를
수식하는 형용사가 올 수 있습니다.

- **This is our first run.**
- **This is a quiet neighborhood.**
- **This's a park.**

be동사 + 형용사

be동사 다음에 형용사가 오면 형용사는 주어의 상태를 설명해주므로 '~는 ~하다'라고 해석합
니다. She is beautiful.이라고 하면 She(그녀)의 상태가 beautiful(아름다운)하다는 거죠.
이때 형용사 앞에 형용사를 수식하는 부사가 올 수 있습니다.

- **I'm a bit tired.**
- **Residential areas are usually really quiet.**

We're going to go for a run!

조깅하러 갈 거예요!

---

go for~는 '~하러 가다'라는 뜻입니다. go for 뒤에 명사를 붙여서 go for a run(조깅하러 가다), go for a walk(산책하러 가다)와 같이 쓸 수 있어요.

> **Let's go for a drive.**   드라이브하러 가자.
> **I'll go for a swim.**   나 수영하러 갈 거야.
> ➕ 〈go+장소+for~〉는 '(장소)에 ~하러 가다'라는 뜻이에요.
> **We go there for breakfast.**   우리는 거기 아침 먹으러 가.

I'm going to show Lina around the neighborhood.

리나에게 동네 구경시켜주려고요.

---

show around는 '구경시켜주다'라는 뜻이에요. 누구한테 어디를 구경시켜주는지 나타내려면 〈show 사람 around 장소〉 순서로 말하면 됩니다. neighbor는 '이웃 (사람)'이라는 뜻인데, -hood가 붙은 neighborhood는 '동네'라는 의미가 됩니다.

> **I'll show you around Gwanghwamun.**   내가 광화문 구경시켜줄게.
> **Will you show me around your house?**   너희 집 구경시켜줄래?
> **Jimmy showed me around the town.**   지미가 나 시내 구경을 시켜줬어.

This is a quiet neighborhood.

동네가 조용하네.

This is~는 간단하면서도 다양하게 쓰이는 표현입니다. 가까이 있는 사물을 가리키면 '이것은 ~야'라는 뜻이고, 가까이 있는 사람을 가리키면 '이 사람은 ~야'라는 뜻이에요. 여기서처럼 근처에 있는 장소를 설명할 때는 '이곳은 ~야'라는 뜻이고요.

This is **a very funny book.**	이거 참 웃긴 책이야.
This is **my old friend Poby.**	이쪽은 내 오랜 친구 포비야.
This is **a peaceful village.**	여기는 평화로운 마을이네.

Sounds like fun!

재미있겠다!

Sounds like~는 '~처럼 들린다', '(들어보니) ~같아'라는 뜻입니다. 상대방 말에 대한 내 의견을 말할 때 자주 사용하는 구문이에요. like 뒤에는 명사나 절(주어+동사)이 옵니다. sound 뒤에 -s가 붙은 건 앞에 주어 It이 생략됐기 때문이에요. 원래는 It sounds like fun.(그거 재미있겠다.)인데 일상 회화에서는 It이 자주 생략됩니다.

Sounds like **a good idea.**	좋은 생각인 것 같네.
Sounds like **you really like basketball.**	너 농구 진짜 좋아하는 것 같다.
Sounds like **you had a good time.**	좋은 시간을 보낸 것 같구나.

I'm a bit tired.

나 좀 지쳤어.

영어로 나의 감정이나 기분을 표현하려면 I am 또는 I'm 뒤에 기분이나 감정을 나타내는 형용사를 붙이면 됩니다. 이때 형용사 앞에 a bit(조금, 약간), so(매우), very(아주) 등을 넣어서 설명을 보충할 수 있어요.

I'm **a bit sleepy.**	저 약간 졸려요.
I'm **so bored.**	나 너무 따분해.
I'm **very sad.**	나 무척 슬퍼.

Drill 1

학습한 내용을 응용하여 영작해보세요.

1

_____

우리는 커피 한잔하러 갈 거야.   [보기] a, we'll, coffee, go, cup, for, of

2

_____

내가 우리 학교 구경시켜줄게.   [보기] let, around, show, my, you, me school

3

_____

여기는 점심 먹기 좋은 곳이야.   [보기] place, for, a, good, lunch, is, this

4

_____

좋은 생각 같네. (상대방의 제안이나 계획에 동의할 때)   [보기] like, a, plan, sounds

5

_____

나 너무 걱정돼.   [보기] worried, so, I'm, much

Drill 2

영어를 가리고 한국어를 보면서 바로 말할 수 있는지 체크해보세요. 🔊 05 02

☐	조깅하러 갈 거예요!	We're going to go for a run!
☐	저희가 함께하는 첫 조깅이에요.	This is our first run together.
☐	리나에게 동네 구경시켜주려고요.	I'm going to show Lina around the neighborhood.
☐	동네가 조용하네.	This is a quiet neighborhood.
☐	보통 주택가는 아주 조용해.	Residential areas are usually really quiet.
☐	저건 공원이야.	That's a park.
☐	우리는 저기서 피크닉이나 바비큐를 해.	We go there for picnics and barbeques.
☐	재미있겠다!	Sounds like fun!
☐	나 좀 지쳤어.	I'm a bit tired.
☐	너희 집 구경시켜줄래?	Will you show me around your house?

정답 **1** We'll go for a cup of coffee. **2** Let me show you around my school. **3** This is a good place for lunch. **4** Sounds like a plan. **5** I'm worried so much.

시원한 아침 스트레칭

애나와 마이클의 스트레칭 시간에 리나도 동참하려는 모양이에요.
우리도 함께 스트레칭을 배워볼까요?

다들 지금 뭐 하고 있는 거예요?

 마이클이랑 애나가
스트레칭한다고 해서 저도 같이 하려고요.

애나! 몸이 정말 유연하네요.

Anna	I think someone really needs some stretching.
Michael	I'm so tired!
Anna	Stretching will make you feel refreshed.
Michael	You're right.
Anna	Let's do some stretching before you get ready for work. Come over here.
Michael	OK. Just take it easy. You know I'm not that flexible.
Caelyn	Hey! Can I stretch with you, too?
Anna	Sure! OK. Let's start. First, follow my lead. We'll start with the neck. Slowly, turn your head to the right in circles. And now… to the left. Great! Now, fold your right arm behind your head. With your left arm, pull on your elbow just like this.
Lina	That feels great!
Michael	That feels great!
Lina	More, more, more!

---

stretching 스트레칭 **make A feel B** A가 B한 기분[느낌]이 들게 하다 **feel refreshed** 기분이 상쾌하다 **get ready for** ~을 준비하다 **take it easy** 살살 해, 진정해 **flexible** 유연한 **follow my lead** 나를 따라오다[따라 하다] **turn** 돌리다, 돌다 **to the right[left]** 오른쪽[왼쪽]으로 **in circles** 원을 그리면서 **fold** 접다 **pull** 당기다 **elbow** 팔꿈치 **feel great** 기분 좋다

애나	진짜 스트레칭 필요한 양반이 오네.
마이클	진짜 피곤해!
애나	스트레칭하면 상쾌해질 거야.
마이클	그렇겠지.
애나	출근 준비하기 전에 스트레칭 좀 하자. 일로 와.
마이클	알겠어. 살살 해. 나 안 유연한 거 알잖아.
케일린	여러분! 저도 같이 해도 될까요?
애나	그럼요! 자. 시작하자. 먼저 나를 따라 해.
	목부터 할게.
	오른쪽으로 천천히 원을 그리듯 머리를 돌려.
	자, 이제… 왼쪽으로.
	잘했어! 이제 오른팔을 머리 뒤로 접어. 왼팔로 팔꿈치를 이렇게 당겨줘.
리나	시원해!
마이클	시원해!
리나	더, 더, 더!

Grammar Point

회화를 튼튼하게 해주는 문법 원 포인트 레슨을 확인해보세요.

일반동사 – 명령문

애나가 동작을 알려주면서 '나를 따라 해', '머리를 돌려'라고 말할 때처럼 누군가에게 지시하거나 명령할 때는 동사가 문장 맨 앞에 나와요. 이때 주어는 you가 명백하므로 생략됩니다. 이렇게 동사로 시작하는 문장을 '명령문'이라고 해요.

- **Follow my lead.**
- **Turn your head to the right in circles.**
- **Fold your right arm behind your head.**
- **Pull on your elbow.**

회화 실력을 업그레이드해주는 표현을 익혀보세요.

Stretching will make you feel refreshed.

스트레칭하면 상쾌해질 거야.

〈주어+make A feel B〉는 '~은 A가 B한 기분이 들게 하다'라는 의미로 사용됩니다. 이를 자연스럽게 해석하면 '~하면 A는 기분이 B해진다'라는 뜻이 되지요.

This song will make you feel great.
이 노래를 들으면 기분이 좋아질 거야.

Chicken soup will make you feel better.
치킨 스프를 먹으면 기분이 나아질 거야.

An action film will make you feel brave.
액션 영화를 보면 용감해지는 기분이 들 거야.

Let's do some stretching before you get ready for work.

출근 준비하기 전에 스트레칭 좀 하자.

get ready for~는 '~을 준비하다'라는 뜻입니다. for 뒤에 명사를 붙여서 get ready for work(출근 준비하다), get ready for school(등교 준비하다)과 같이 씁니다. 뒤에 동사가 올 경우 get ready to sing(노래할 준비를 하다)처럼 for 대신 to를 쓰면 됩니다.

I'm getting ready for work.	출근 준비 중이야.
It's time to get ready for school.	등교 준비를 할 시간이야.
Are you getting ready for retirement?	은퇴 준비를 하고 있는 거야?

Just take it easy.

살살 해.

본문에서 Take it easy.는 스트레칭을 '살살 해.'라는 뜻으로 쓰였어요. Take it easy.는 그 외에 긴장하거나 불안해하는 사람에게 '진정해', '긴장 풀어'라는 뜻으로도 쓰입니다. 또는 급하게 서두르는 사람에게 '급할 것 없어', '천천히 해'라는 뜻으로도 사용됩니다.

Take it easy. **Everything is going to be fine.** 긴장 풀어. 다 잘될 거야.

I told James to take it easy. 난 제임스에게 진정하라고 말했다.

Take it easy. **We are not late for the class yet.**

급할 것 없어. 아직 수업에 안 늦었어.

First, follow my lead.

먼저 나를 따라 해.

follow에는 누군가를 '따라가다, 따르다'라는 뜻이 있어요. Follow my lead.에서 lead는 '본 보기'라는 뜻으로 이해하면 됩니다.

Just follow **me. I will show you the way.**

저만 따라오세요. 제가 길을 알려드릴게요.

Don't worry. Just follow **my lead.** 걱정하지 말아요. 저만 따라 하세요.

➕ follow는 규칙이나 명령을 '지키다'라는 의미로 쓰이기도 합니다.

We must follow **the rules.** 우리는 규칙을 지켜야 해요.

Slowly, turn your head to the right in circles.

오른쪽으로 천천히 원을 그리듯 머리를 돌려.

turn은 '돌리다'라는 뜻의 동사이고, to the right/left는 '오른쪽/왼쪽으로'라는 뜻입니다. 따라서 turn to the right/left는 '오른쪽/왼쪽으로 돌리다'라는 의미가 됩니다. in circles는 '원을 그리면서'라는 뜻이에요.

Turn your neck to the left. 목을 왼쪽으로 돌리세요.

He turned to the right and walked 10 more meters.

그는 오른쪽으로 꺾어서 10미터를 더 걸어갔다.

She turned her body to the left, and then to the right.

그녀는 자기 몸을 왼쪽으로 돌렸다가 다시 오른쪽으로 돌렸다.

➕ turn은 '순서'나 '차례'라는 뜻의 명사로도 쓰입니다.

It's your turn. 네 차례야.

Drill 1

학습한 내용을 응용하여 영작해보세요.

1

_____

이 선물을 받으면 그는 기분이 좋아질 거야.　　**보기** gift, this, him, make, great, will, feel

2

_____

그녀는 면접 준비 중이야.　　**보기** job, getting, she, for, is, interview, ready, the

3

_____

진정하고 무슨 일인지 말해봐.　　**보기** it, happened, just, easy, and, take, me, what, tell

4

_____

너는 내가 하라는 대로만 하면 돼.　　**보기** do, all, you, to, is, need, follow, lead, my

5

_____

우회전해, 그러면 그 건물이 보일 거야.

보기 you, to, see, the, will, right, turn, the, building, and

Drill 2

영어를 가리고 한국어를 보면서 바로 말할 수 있는지 체크해보세요.

□ 스트레칭하면 상쾌해질 거야.	Stretching will make you feel refreshed.
□ 출근 준비하기 전에 스트레칭 좀 하자.	Let's do some stretching before you get ready for work.
□ 살살 해.	Just take it easy.
□ 저도 같이 해도 될까요?	Can I stretch with you, too?
□ 먼저 나를 따라 해.	First, follow my lead.
□ 목부터 시작할게.	We'll start with the neck.
□ 오른쪽으로 천천히 원을 그리듯 머리를 돌려.	Slowly, turn your head to the right in circles.
□ 이제 오른팔을 머리 뒤로 접어.	Fold your right arm behind your head.
□ 시원해(기분 좋다)!	That feels great!

정답 **1** This gift will make him feel great. **2** She is getting ready for the job interview. **3** Just take it easy and tell me what happened. **4** All you need to do is follow my lead. **5** Turn to the right, and you will see the building.

제시카와 함께 화장하기

리나와 제시카가 다운타운으로 외출을 하려나 봐요.
단장하느라 무척 분주한 것 같은데, 설레는 외출 준비 시간을 함께 볼까요?

오늘 다운타운에 갈 예정이라
좀 일찍 일어났어요.

엄청 신나겠군요.

네, 저 얼른 씻고
준비해야 할 것 같아요.

Live Talk

Lina	Good morning!
	Hey! Do you wanna put on makeup together?
Jessica	Sure!
Caelyn	Did I hear makeup?
	Oh, you girls are gonna have so much fun!
Lina	That's right.
	Let's choose eye shadow colors first!
Jessica	I'm going to use blue! Isn't this color pretty?
Lina	It's so lovely! Then, I'll go with peach!
Jessica	Here is all the makeup I have.
Lina	Awesome! Hey, can you pass me the brush?
Jessica	Here's the eye shadow one.
Lina	Thank you.
Jessica	Are you wearing blusher too?
Caelyn	Have fun, girls!

wanna(=want to) ~하고 싶다   **put on makeup** 화장하다   **be gonna(=be going to)** ~할 것이다
choose 고르다, 선택하다   **eye shadow** 아이섀도   **lovely** 사랑스러운, 어여쁜   **go with** ~을 선택하다
peach 복숭아   **awesome** 기막히게 좋은, 굉장한   **brush** 솔, 브러시   **blusher** 블러셔, 볼터치

50

리나	좋은 아침!
	제시카! 우리 같이 메이크업할래?
제시카	좋아!
케일린	메이크업이라고요?
	오, 엄청 재밌겠다!
리나	맞아요.
	우리 먼저 아이섀도 색을 골라보자!
제시카	난 파란색으로 할래! 이 색깔 예쁘지 않아?
리나	진짜 예쁘다! 나는 복숭아색으로 할래!
제시카	이게 내가 가진 화장품들이야.
리나	엄청나다! 브러시 좀 건네줄래?
제시카	여기 아이섀도 브러시.
리나	고마워.
제시카	블러셔도 할 거야?
케일린	좋은 시간 보내세요!

Grammar Point

회화를 튼튼하게 해주는 문법 원 포인트 레슨을 확인해보세요.

be동사 현재형으로 '~는 ~해'라고 말하기

'~는 ~해', '~는 ~야'라고 주어의 현재 상태나 신분을 말할 때는 be동사 현재형 am/are/is를 사용합니다. 이때 〈주어+be동사〉를 줄여서 말할 때가 많아요. I am → I'm, You are → You're, He is → He's, It is → It's 등과 같이 줄이면 됩니다.

- **It's so lovely!**

be동사 현재형으로 '~는 ~해?'라고 묻기

'~는 ~해?', '~는 ~야?'라고 주어의 현재 상태나 신분을 물을 때는 be동사 현재형 의문문을 사용합니다. be동사 현재형 의문문을 만들 때는 주어와 be동사의 위치를 바꾸면 됩니다. This is pretty.의 의문문은 Is this pretty?가 됩니다. 본문처럼 Isn't this~?라고 부정형으로 물으면 '이것은 ~하지 않아?'의 의미가 됩니다.

- **Isn't this color pretty?**

Do you wanna **put on makeup together?**

우리 같이 메이크업할래?

wanna는 want to(~하고 싶다)를 줄여서 빨리 발음한 거예요. Do you wanna~?는 Do you want to~?의 줄임말로 '~하고 싶어?', '~할래?'와 같이 상대방에게 뭔가를 제안할 때 쓰는 표현입니다. 이런 줄임말은 정중한 표현이 아니므로 친한 사이에만 사용하는 게 좋아요.

> **Do you wanna build a snowman?**   눈사람 만들래?
> **Do you wanna hold my hand?**   내 손 잡을래?
> ➕ going to를 gonna로 줄여 쓰기도 합니다. 유명한 노래 제목에서도 이렇게 쓰였어요.
> **Nothing's gonna change my love for you.**
> 아무것도 널 향한 내 사랑을 바꿀 수 없어.

Do you wanna put on makeup together?

우리 같이 메이크업할래?

put on은 wear처럼 옷이나 액세서리를 신체에 착용하는 것을 말해요. 종류에 따라서 '(옷을) 입다, (신발을) 신다, (모자를) 쓰다, (화장품을) 바르다'라고 해석하면 됩니다. put on과 wear 사이에는 어감의 차이가 있습니다. put on은 입거나 바르는 '동작'에 초점이 맞춰진 반면, wear는 이미 입거나 바른 '상태'를 강조합니다.

> **Put on your shoes.**   신발 신으렴.
> **You put on too much makeup.**   (화장하는 모습을 보면서) 너 화장 너무 떡칠한다.
> ➕ 이미 화장을 한 상태라면 put on 대신 wear를 써서 다음과 같이 말합니다.
> **She wears too much makeup.**   (화장한 상태를 보면서) 그 애는 화장을 너무 떡칠했어.

I'll go with **peach!**

나는 복숭아색으로 할래!

go with를 직역하면 '~과 함께 가다'입니다. 좋아하고 생각이 비슷해야 함께 갈 수 있겠지요. 그래서 go with에는 '받아들이다', '선택하다'라는 뜻이 있습니다.

Let's go with our original plan.
I will go with pizza.
We will go with your choice.

우리 원래 계획대로 하자.
난 피자로 할래.
우린 네 선택을 따를게.

Here is all the makeup I have.

이게 내가 가진 화장품들이야.

Here is~는 '여기 ~가 있어' 또는 '이게 ~야'라는 뜻입니다. 뒤에 나오는 주어가 복수면 Here are~를 쓰면 됩니다. 흔히 all 다음에는 복수명사가 온다고 알고 있는데, makeup 같은 셀 수 없는 명사는 늘 단수 취급하기 때문에 all과 함께 쓰여도 is로 받습니다.

Here is your money.
Here is what I want you to do.
Here is the book I borrowed yesterday.

네 돈 여기 있어.
네가 했으면 하는 건 이거야.
내가 어제 빌린 책 여기 있어.

Can you pass me the brush?

브러시 좀 건네줄래?

can은 '~할 수 있다'라는 뜻의 조동사이지요. You can~(넌 ~할 수 있어)으로 시작하는 문장에서 can과 you의 위치를 바꿔 Can you~?라고 하면 '넌 ~할 수 있어?'라고 묻는 표현이 됩니다. 이는 또한 '~해줄래?' 하고 부탁하는 표현으로 아주 많이 사용됩니다.

Can you keep a secret?
Can you help me with this?
Can you teach me how to dance?

비밀 지킬 수 있어?
이것 좀 도와줄래?
춤추는 법 좀 가르쳐줄 수 있나요?

Drill 1

학습한 내용을 응용하여 영작해보세요.

1

_____

집에 갈래?　　　　　　　　　　　　　　　　**보기** home, do, wanna, you, go

2

_____

이 재킷 입지 그러니?　　　　　　　　　　　**보기** jacket, why, this, put, don't, on, you

3

_____

나는 뭐든 결정되는 대로 따를게.　　　　　**보기** decided, whatever, I, with, will, go, is

4

_____

여기 미래의 차가 있어.　　　　　　　　　　**보기** is, the, future, the, car, of, here

5

_____

그 서점에 가는 길 좀 알려줄래요?　　　**보기** you, tell, the, me, bookstore, to, the, can, way

Drill 2

영어를 가리고 한국어를 보면서 바로 말할 수 있는지 체크해보세요. 🔊 07 02

☐ 우리 같이 메이크업할래?	Do you wanna put on makeup together?
☐ (너희들) 엄청 재밌겠다!	You are gonna have so much fun!
☐ 이 색깔 예쁘지 않아?	Isn't this color pretty?
☐ 진짜 예쁘다!	It's so lovely!
☐ 나는 복숭아색으로 할래!	I'll go with peach!
☐ 이게 내가 가진 화장품들이야.	Here is all the makeup I have.
☐ 브러시 좀 건네줄래?	Can you pass me the brush?
☐ 눈사람 만들래?	Do you wanna build a snowman?
☐ 난 피자로 할래.	I will go with pizza.
☐ 비밀 지킬 수 있어?	Can you keep a secret?

정답 **1** Do you wanna go home? **2** Why don't you put on this jacket? **3** I will go with whatever is decided. **4** Here is the car of the future. **5** Can you tell me the way to the bookstore?

54

쇼핑한 물건 구경하기

옷장에 걸린 옷들 좀 보세요! 리나가 쇼핑을 많이 했나 보네요.
리나가 어떤 옷을 샀는지 옷장 속을 구경해볼까요?

리나, 옷이 엄청 많네요?

 오늘 입을 옷을
고르는 중이었어요.

리나, 오늘 무슨 날이야?

Live Talk

Jessica	What's the occasion?
Lina	Nothing much, but… I was a bit gloomy yesterday, so I went shopping.
Jessica	Wow! You have a lot of pretty clothes!
Lina	Thank you. So I bought all of these but I wasn't sure if all of them looked good on me.
Jessica	Were you happy you got all those clothes?
Lina	I was!
Jessica	Well, that's what matters. Let me see what you got.
Lina	Okay! So, I got this floral dress.
Jessica	Beautiful!
Lina	Yeah. And some shirts… And, ooh! This baseball cap. And I also got this bag. Isn't it so cute?
Jessica	So cute!
Lina	It was only 5 dollars.
Caelyn	Oh, it was a bargain!

occasion (어떤 일이 일어나는 특정한) 때[날], 행사 **gloomy** (기분이) 우울한 **look good on** ~에게 잘 어울리다 **get** 사다, 받다 **matter** 중요하다 **Let me see~** ~을 보여줘 **floral** 꽃무늬의 **bargain** 싼 물건

제시카	무슨 날이야?
리나	별일은 없는데… 어제 좀 우울하길래 쇼핑 다녀왔어.
제시카	어머! 예쁜 옷이 많네!
리나	고마워. 이게 다 산 건데, 나한테 어울리는지 모르겠더라고.
제시카	옷 사니까 기분은 좋았어?
리나	좋았어!
제시카	그게 중요한 거지. 뭐 샀는지 좀 보자.
리나	응! 이 꽃무늬 원피스 샀어.
제시카	정말 예쁘다!
리나	응. 그리고 셔츠 몇 벌…
	그리고, 아! 이 야구모자도.
	이 가방도 샀어. 귀엽지 않아?
제시카	귀엽다!
리나	5달러밖에 안 했어.
케일린	와, 저렴하게 샀네요!

Grammar Point

회화를 튼튼하게 해주는 문법 원 포인트 레슨을 확인해보세요.

be동사 과거형으로 '~는 ~했어'라고 말하기

'~는 ~했어[였어]'라고 주어의 과거 상태나 신분을 말할 때는 be동사 과거형인 was/were를 사용합니다. 주어가 단수일 때는 was, 주어가 복수일 때는 were를 씁니다.

- I was **a bit gloomy yesterday.**
- It was **a bargain.**

be동사 과거형으로 '~는 ~했어?'라고 묻기

'~는 ~했어[였어]?'라고 주어의 과거 상태나 신분을 물을 때는 be동사 과거형인 was/were를 주어 앞에 쓰면 됩니다. You were tall.(너는 키가 컸어.)의 의문문은 Were you tall?(넌 키가 컸었니?)입니다.

- Were you **happy you got all those clothes?**

I was a bit gloomy yesterday.

어제 좀 우울했어.

a bit은 '약간, 조금'이라는 뜻이에요. a bit 대신 같은 뜻인 a little로 바꿔 써도 돼요. 또한 little 과 bit을 합쳐서 a little bit이라고도 합니다.

She was a bit angry yesterday.	그녀는 어제 화가 좀 났어.
I'm a bit tired.	나 조금 피곤해.
Mark is a bit taller than his son.	마크는 그의 아들보다 조금 크다.

I went shopping.

나 쇼핑 다녀왔어.

〈go+동사-ing〉는 '~하러 가다'라는 뜻입니다. went는 go의 과거형이므로 I went shopping은 '쇼핑하러 갔었다', '쇼핑 다녀왔다'라는 뜻이에요. go 뒤에 다양한 동명사를 붙여서 활용해보세요.

My family goes skiing twice a year.
우리 가족은 일년에 두 번 스키를 타러 간다.
Last weekend, I went camping with my friends.
지난 주말에 나는 친구들과 캠핑을 다녀왔다.
We will go fishing tomorrow.   우리 내일 낚시하러 갈 거야.

I wasn't sure if all of them looked good on me.

이게 다 나한테 어울리는지 모르겠더라고.

sure는 '확신하는, 확실히 아는'이라는 뜻입니다. 뭔가를 확실히 알지 못할 때 I'm not sure. (잘 모르겠어.)라고 하지요. 과거형 I wasn't sure 뒤에 if를 붙이면 '~인지 아닌지 확신이 없었 어'라는 뜻이 됩니다. 여기서 if는 '만약'이 아니라 '~인지 아닌지'의 뜻으로 쓰였어요.

I wasn't sure if it was true. 그게 진실인지 확신이 서지 않았어.
I wasn't sure if I was right. 내가 옳다는 확신이 들지 않았어.
I wasn't sure if he was joking. 그가 농담하는 건지 잘 모르겠더라.

I wasn't sure if all of them looked good on me.

이게 다 나한테 어울리는지 모르겠더라고.

평범해 보이는 옷도 어떤 사람에게는 특별히 잘 어울리는 경우가 있어요. 반대로 멋져 보이는 옷이 막상 입어보면 별로 안 어울리는 경우도 있고요. look good on은 옷이나 색깔, 스타일 등이 '~와 잘 어울리다'라는 뜻이에요.

These shoes look good on you. 이 신발은 너에게 잘 어울려.
I think pink looks good on her. 난 분홍색이 그녀와 잘 어울리는 것 같아.
Everything looks good on you. 넌 모든 게 다 잘 어울려.

Isn't it so cute?

귀엽지 않아?

be동사가 들어간 문장에서 주어와 be동사의 위치를 바꾸면 의문문이 된다고 했죠? 부정문의 경우도 마찬가지예요. Isn't it~?은 It isn't~(그것은 ~하지 않다)을 의문문으로 바꾼 형태예요. 보통 '~하지 않아?' 하면서 상대방의 동의를 구할 때 Isn't it~?이라고 묻습니다.

Isn't it lovely? 사랑스럽지 않아?
Isn't it sad? 슬프지 않아?
Isn't it cold? 춥지 않아?

Drill 1

학습한 내용을 응용하여 영작해보세요.

1

_____

그는 어제 좀 긴장했어.　　　　　　　　보기 was, a, he, nervous, bit, yesterday

2

_____

우리는 이번 금요일에 클럽에 갈 거야.　　　보기 clubbing, go, this, Friday, will, we

3

_____

그녀가 살아 있는지 확신이 서지 않았어.　　보기 I, wasn't, alive, sure, she, if, was

4

_____

이 모자 너한테 잘 어울린다.　　　　　　보기 on, hat, good, you, this, looks

5

_____

웃기지 않아?　　　　　　　　　　　　보기 funny, it, isn't

Drill 2

영어를 가리고 한국어를 보면서 바로 말할 수 있는지 체크해보세요. 08 02

☐ 어제 좀 우울했어.	I was a bit gloomy yesterday.	
☐ 나 쇼핑 다녀왔어.	I went shopping.	
☐ 예쁜 옷이 많네!	You have a lot of pretty clothes!	
☐ 이게 다 나한테 어울리는지 모르겠더라고.	I wasn't sure if all of them looked good on me.	
☐ 옷 사니까 기분은 좋았어?	Were you happy you got all those clothes?	
☐ 뭐 샀는지 좀 보자.	Let me see what you got.	
☐ 이 꽃무늬 원피스 샀어.	I got this floral dress.	
☐ 귀엽지 않아?	Isn't it so cute?	
☐ 저렴하게 샀네요!	It was a bargain!	

 1 He was a bit nervous yesterday. **2** We will go clubbing this Friday. **3** I wasn't sure if she was alive. **4** This hat looks good on you. **5** Isn't it funny?

INDOORS
09

마이클의 아침 식사 준비

마이클이 아침 식사 하라고 리나를 부르네요. 오늘의 아침 메뉴는 뭘까요?
리나를 따라 함께 부엌으로 내려가볼까요?

전 지금 아침 먹으러
내려가던 참이에요.

 오늘 메뉴가 뭔데요?

어… 저도 잘 모르겠는데, 제가 가서
보여드릴게요. 같이 가시죠!

Live Talk

Caelyn	That looks good. I wonder what it is!
	Lina, ask Michael.
Lina	OK, Caelyn.
	Good morning, Michael!
	What's this? What are you cooking?
Michael	Oh, I'm making French toast and scrambled eggs.
Lina	Wow! I love scrambled eggs.
	Do you have a secret recipe?
Michael	Yes! My secret recipe is milk.
	I mix in a little bit of milk to the scrambled eggs to make them a bit creamier.
Lina	Ooooh, well… It smells really delicious!
	I can't wait to try some.
Michael	Just give me 10 more minutes.
Lina	OK. Do you need any help?
Michael	Sure. Can you get me some dishes from the cupboard?
Lina	Of course!
Michael	Thanks.

look good 맛있어[좋아] 보이다 **wonder** 궁금하다 **French toast** 프렌치토스트 **scrambled egg** 스크램블드에그 **secret recipe** 요리 비법 **mix in** 섞다 **creamy** 크림 같은, 부드러운 **can't wait to** 얼른 ~하고 싶다 **try** 맛보다 **get** 가져다주다, 가져오다 **dish** 접시, 요리 **cupboard** 찬장

케일린	맛있겠다. 뭔지 궁금한데요!
	리나, 마이클에게 물어봐요.
리나	네, 선생님.
	좋은 아침이에요, 마이클!
	이게 뭐예요? 뭐 만들고 계세요?
마이클	오, 프렌치토스트랑 스크램블드에그를 만들고 있어.
리나	와! 저 스크램블드에그 진짜 좋아하는데.
	요리 비법이 있나요?
마이클	그럼! 내 요리 비법은 우유야.
	스크램블드에그에 우유를 좀 넣으면 더 부드러워지거든.
리나	와… 냄새가 정말 좋은걸요! 빨리 먹어보고 싶어요.
마이클	10분만 기다리렴.
리나	네. 도와드릴 건 없나요?
마이클	있지. 찬장에서 접시 좀 꺼내줄래?
리나	그럼요!
마이클	고마워.

Grammar Point

회화를 튼튼하게 해주는 문법 원 포인트 레슨을 확인해보세요.

일반동사 현재형으로 '~는 ~해'라고 말하기

현재의 동작이나 상태, 습관 등을 말할 때 일반동사 현재형을 사용합니다. 주어가 3인칭 단수일 때는 동사 뒤에 -s를 붙입니다. 단, 동사가 s, o, z, ch, sh로 끝날 때는 -es를 붙입니다.

- **That looks good. I wonder what it is!**
- **I mix in a little bit of milk.**
- **I love scrambled eggs.**
- **It smells really delicious!**

일반동사 현재형으로 '~는 ~해?'라고 묻기

일반동사 현재형 의문문을 만들 때는 do/does를 문장 맨 앞(주어 앞)에 붙입니다. 〈Do/Does 주어+동사?〉는 '~는 ~해?'라는 뜻이에요. 주어가 3인칭 단수일 때는 Does를 써서 묻는데, 이때 주어 뒤에 오는 동사는 -s나 -es를 붙이지 않은 원형을 사용해요.

- **Do you have a secret recipe?**
- **Do you need any help?**

That looks good.

맛있겠다.

look good은 '좋아 보인다'인데, 음식을 두고 말하면 '맛있어 보인다'는 뜻이 됩니다. 주어가 3인칭 단수 현재형이기 때문에 동사 look에 -s가 붙어서 looks good이 됐어요.

That *kimchi jjigae* looks good.	그 김치찌개 맛있어 보인다.
You look good.	너 좋아 보인다.
The weather looks good today.	오늘 날씨 좋아 보인다.

I wonder what it is!

뭔지 궁금한데요!

I wonder는 '~인지 궁금하다'라는 뜻입니다. I'm wondering과 I was wondering도 같은 의미지만 뉘앙스의 차이가 있습니다. I wonder보다는 I'm wondering이 더 정중하고, I'm wondering보다는 I was wondering이 더 정중한 표현이에요.

I wonder what they're doing!	그 사람들이 지금 뭐 하고 있을지 궁금해.
I wonder who he is.	그가 누군지 궁금해.
I wonder why he is so upset.	그가 왜 그렇게 기분이 언짢은지 궁금해.

I mix in a little bit of milk.

난 우유를 좀 넣어.

mix in은 각기 다른 물질이나 재료를 '섞다'라는 뜻으로 요리할 때 많이 쓰는 표현입니다.

Mix in all the other ingredients. 다른 모든 재료들을 서로 섞어주세요.

Mash the potatoes and then mix in the butter.
감자를 으깬 다음 버터와 섞어주세요.

After that, mix in the chicken, vegetables, and a little salt.
그 다음에는 닭고기와 채소, 약간의 소금을 서로 섞어줍니다.

It smells **really delicious!**

냉새가 정말 좋은걸요!

smell은 명사로는 '냄새'이고, 동사로는 '냄새가 나다'라는 뜻이에요. It smells~는 '~한 냄새가 난다'라는 뜻입니다.

It smells **so good.**	냄새 정말 좋다.
It smells **fantastic.**	냄새가 환상적이네.
It smells **awful.**	냄새가 끔찍해.

I can't wait to **try some.**

빨리 먹어보고 싶어요.

wait이 '기다리다'라는 뜻이므로 can't wait은 '기다릴 수 없다'가 됩니다. 기다릴 수 없다는 건 '얼른[빨리] ~하고 싶다'는 뜻이지요.

I can't wait to **eat it.**	이거 얼른 먹고 싶어요.
I can't wait to **see you.**	너를 빨리 보고 싶어.
I can't wait to **go home.**	집에 빨리 가고 싶어.

1

_____

이 치즈버거 정말 맛있어 보인다.　　　보기 looks, cheeseburger, good, this, so

2

_____

그가 이 문제를 어떻게 해결했는지 궁금해요.　　보기 solved, I, he, how, this, problem, wonder

3

_____

바닐라를 넣고 설탕과 섞어주세요.　　　보기 and, in, vanilla, add, sugar, mix

4

_____

이상한 냄새가 나.　　　　　　　　　　보기 it, funny, smells

5

_____

얼른 다시 여행하고 싶어.　　　　　　보기 travel, I, to, again, wait, can't

Drill 2　　　　영어를 가리고 한국어를 보면서 바로 말할 수 있는지 체크해보세요.　 09 02

☐ 맛있겠다.	That looks good.
☐ 뭔지 궁금한데요!	I wonder what it is!
☐ 프렌치토스트 만들고 있어.	I'm making French toast.
☐ 저 스크램블드에그 진짜 좋아하는데.	I love scrambled eggs.
☐ 요리 비법이 있나요?	Do you have a secret recipe?
☐ 난 우유를 좀 넣어.	I mix in a little bit of milk.
☐ 냄새가 정말 좋은걸요!	It smells really delicious!
☐ 빨리 먹어보고 싶어요.	I can't wait to try some.
☐ 10분만 기다리렴.	Just give me 10 more minutes.
☐ 도와드릴 건 없나요?	Do you need any help?

정답　**1** This cheeseburger looks so good. **2** I wonder how he solved this problem. **3** Add vanilla and mix in sugar. **4** It smells funny. **5** I can't wait to travel again.

리나가 준비한 한국식 아침 식사

오늘 아침 식사는 리나가 존슨 가족에게 한국 음식을 대접한다고 해요.
리나의 음식 솜씨가 아주 좋아 보이는데요?
특별한 아침 식탁에서 나누는 대화를 함께 들어보시죠.

오늘은 아침 식사가 한식인가 봐요?
리나가 준비하는 거예요?

 제가 간단한 한국 음식 좀 대접하고 싶어서요.
맛이 괜찮아야 할 텐데… 조금 떨려요.

Lina	Could you call everyone, please?
Michael	Sure. Everyone! Breakfast is ready!
Anna	Gather around the table!
Sam	What's for breakfast?
Anna	Lina prepared a Korean-style breakfast for us!
Jessica	Wow, that's awesome! Did you cook all of them?
Lina	Yes, I did!
Caelyn	I didn't know you could make *kimchi jjigae*!
Lina	I took a cooking class in Korea. Well, give it a try!
Jessica	What's *kimchi jjigae*?
Lina	So… you guys already know what kimchi is, right? It's basically stew made with kimchi.
Sam	Smells good. Let's all give it a try!
Anna	Bon appétit!
Lina	Bon appétit!

gather around ~로 모이다, ~에 둘러 앉다   **prepare** 준비하다   **awesome** 멋진, 훌륭한   **cook**
요리하다   **take a cooking class** 요리 수업을 듣다   **basically** 근본적으로, 기본적으로   **stew** 스튜
give it a try 시도하다, 한번 해보다   **Bon appétit!** (프랑스어) 맛있게 드세요!

리나	가족들 좀 불러주실래요?
마이클	알았어. 얘들아! 아침 준비됐다!
애나	모두 식탁으로 모이렴!
샘	오늘 아침은 뭐예요?
애나	리나가 한국식 아침 식사를 준비했어!
제시카	와, 놀라운데! 네가 다 요리한 거야?
리나	그럼, 내가 했지!
케일린	김치찌개 할 수 있는 줄 몰랐네요!
리나	한국에서 요리 수업을 다녔거든요. 자, 다들 드셔보세요!
제시카	김치찌개가 뭐야?
리나	다들 이미 김치가 뭔지는 알죠? 이건 김치로 만든 스튜 같은 거예요.
샘	냄새 좋다. 모두 먹어봐요!
애나	맛있게 드세요!
리나	맛있게 드세요!

Grammar Point

회화를 튼튼하게 해주는 문법 원 포인트 레슨을 확인해보세요.

일반동사 과거형으로 '~는 ~했어'라고 말하기

'준비했다', '수강했다'처럼 과거에 한 일을 말할 때는 일반동사의 과거형을 사용합니다. 일반동사 과거형을 만들 때는 prepared(준비했다), passed(통과했다)처럼 동사에 -ed를 붙이는 규칙이 있어요. take(수업을 듣다)-took(수업을 들었다), swim(수영하다)-swam(수영했다)처럼 불규칙하게 변하는 동사들은 나올 때마다 외우는 것이 좋습니다.

- **Lina prepared a Korean-style breakfast for us!**
- **I took a cooking class in Korea.**

일반동사 과거형으로 '~는 ~했어?'라고 묻기

현재에 하는 일을 물을 때는 주어 앞에 Do/Does를 쓰고, 과거에 한 일을 물을 때는 주어 앞에 Did를 씁니다. 〈Did+주어+동사?〉는 '~는 ~했어?'라는 뜻이에요.

- **Did you cook all of them?**　　　　• **Yes, I did!**

Breakfast is ready!

아침 준비됐다!

ready는 '준비가 된'이라는 뜻의 형용사예요. 그래서 Breakfast is ready.는 '아침 식사 준비가 다 됐다.'는 뜻입니다. 뭔가가 준비됐다고 할 때 ~is ready 표현을 사용해보세요.

Lunch is ready!	점심 준비됐어요!
Dinner is ready!	저녁 준비됐어요!
Dessert is ready!	디저트 준비됐어요!

What's for breakfast?

오늘 아침은 뭐예요?

What's for breakfast?를 직역하면 '아침을 위해 무엇이 있나요?'라는 뜻이에요. 이는 아침 식사로 뭘 먹을 건지 묻는 표현입니다. What's for~? 뒤에 다양한 단어를 넣어서 활용해보세요.

What's for dinner?	저녁 메뉴는 뭐예요?
What's for lunch?	점심 메뉴는 뭐예요?
What's for our snack today?	오늘 우리 간식은 뭐예요?

Lina prepared a Korean-style breakfast for us!

리나가 우릴 위해 한국식 아침 식사를 준비했어!

prepare는 '준비하다'라는 뜻이므로 prepared는 '준비했다'라는 뜻의 과거형이에요. 누구를 위해 준비하는지 또는 무엇을 대비해 준비하는지 나타낼 때는 전치사 for를 써서 표현합니다.

Did you prepare for the exam?	시험 준비했어?
I'm preparing for my dad's birthday party.	아빠 생신파티 준비 중이야.
We should prepare for our next meeting.	우리 다음 회의 준비해야 해.

I took a cooking class in Korea.

한국에서 요리 수업을 다녔거든요.

---

take는 다양한 상황에서 사용됩니다. take medicine(약을 먹다), take a shower(샤워하다), take a risk(위험을 감수하다)처럼 뒤에 명사를 붙여 어떤 활동을 한다는 의미로 쓰이지요. take 뒤에 class(수업)가 오면 '수업을 듣다'라는 뜻이 됩니다.

I'm taking a French class.
나는 불어 수업을 듣고 있다.

She took an accounting class at the university.
그녀는 대학에서 회계 수업을 들었다.

My daughter is taking a drawing class.
우리 딸은 그림 수업을 듣고 있다.

It's basically stew made with kimchi.

이건 김치로 만든 스튜 같은 거예요.

---

basic은 '기본'이라는 뜻이에요. 그래서 basically를 '기본적으로'라고 해석하는 경우가 많습니다. 기본적인 것은 본질적이고 중요하다는 뜻도 됩니다. 따라서 basically는 어떤 대상의 가장 중요하고 본질적인 특징을 간단히 정리해서 말할 때 자주 사용됩니다.

It's basically a Korean-style salad.
이건 한국식 샐러드 같은 거예요.

This movie is basically a love story.
이 영화는 한마디로 사랑 이야기다.

Basically, the system remains the same.
그 시스템은 본질적으로 달라진 게 없다.

1

_____

커피 준비됐어요!   보기 is, coffee, ready, your

2

_____

브런치 메뉴는 뭐예요?   보기 brunch, for, what's

3

_____

다음 콘서트 준비하고 있어요?   보기 are, your, next, you, for, concert, preparing

4

_____

난 고등학교 때 역사 수업을 들었어.   보기 in, classes, high, I, back, took, school, history

5

_____

그 이야기는 간단히 말하면 한국판 〈햄릿〉이다.

보기 a, version, the, story, is, of, _Hamlet_, Korean, basically

Drill 2

영어를 가리고 한국어를 보면서 바로 말할 수 있는지 체크해보세요.

☐ 아침 준비됐다!	Breakfast is ready!
☐ 모두 식탁으로 모이렴!	Gather around the table!
☐ 오늘 아침은 뭐예요?	What's for breakfast?
☐ 리나가 우릴 위해 한국식 아침 식사를 준비했어!	Lina prepared a Korean-style breakfast for us!
☐ 네가 다 요리한 거야?	Did you cook all of them?
☐ 김치찌개 할 수 있는 줄 몰랐네요!	I didn't know you could make _kimchi jjigae_!
☐ 한국에서 요리 수업을 다녔거든요.	I took a cooking class in Korea.
☐ 이건 김치로 만든 스튜 같은 거예요.	It's basically stew made with kimchi.
☐ 냄새 좋다.	Smells good.
☐ 모두 먹어봐요!	Let's all give it a try!

정답   **1** Your coffee is ready! **2** What's for brunch? **3** Are you preparing for your next concert? **4** I took history classes back in high school. **5** The story is basically a Korean version of _Hamlet_.

PB&J 샌드위치 만들기

오늘 리나와 마이클이 함께 땅콩버터 젤리 샌드위치를 만든다고 합니다.
만드는 과정이 어려운지 쉬운지 알아볼까요?

> 제가 제시카랑 샘의 점심 샌드위치를
> 만들어주기로 했어요.

 > 우와~ 그걸 혼자서요?

> 아무래도 마이클에게
> 도움을 청해봐야겠어요.

Live Talk

오늘의 대화문을 귀 기울여 들어보세요.

Lina	Hey, Michael! Can you help me make some sandwiches for Jessica and Sam's lunch?
Michael	Sure! I can help you!
Caelyn	What kind of sandwich are you gonna make?
Lina	I was thinking about making PB&J sandwiches.
Michael	They are the kids' favorite! You can take out whatever you need from the fridge.
Lina	Okay, so… I'm going to spread out the bread first.
Michael	Sounds good.
Lina	I'm going to spread the peanut butter. Can you please spread the jelly?
Michael	Sure!
Lina	Yay! Now, let's put them together. Great! I think we're done.
Caelyn	I think you should cut the sandwiches into smaller pieces!
Michael	Oh, that's right. Now, let's put them in the lunch boxes.
Lina	Yes. I think we're done now. They look yummy!
Michael	Yeah. You can't go wrong with PB&J sandwiches.

PB&J sandwich(=**peanut butter and jelly sandwich**) 땅콩버터 젤리 샌드위치 **favorite** 매우 좋아하는 것; 매우 좋아하는 **take out** 꺼내다 **whatever** 뭐든지 **fridge**(=**refrigerator**) 냉장고 **spread** 펴 바르다 **jelly** 잼, 젤리(형 소스) **put together** 합치다 **cut into** ~으로 자르다 **piece** 조각, 부분 **lunch box** 점심 도시락 **go wrong** 실패하다, 잘못되다

리나	마이클! 제시카와 샘의 점심으로 샌드위치 만드는 걸 도와주실 수 있나요?
마이클	그럼! 도와줘야지!
케일린	어떤 샌드위치 만들 거예요?
리나	땅콩버터 젤리 샌드위치를 만들까 생각 중이었어요.
마이클	애들이 가장 좋아하는 거야! 냉장고에서 필요한 재료 뭐든 꺼내렴.
리나	자… 먼저 빵을 펼쳐 놓을게요.
마이클	좋아.
리나	전 땅콩버터를 바를게요. 잼을 발라주시겠어요?
마이클	그럼!
리나	예! 이제 합쳐볼게요. 와! 완성한 거 같아요.
케일린	샌드위치를 더 작게 잘라야 할 것 같은데요!
마이클	오, 그렇네요. 이제, 도시락에 넣어보자.
리나	네. 이제 완성한 것 같아요. 맛있겠어요!
마이클	그럼. 땅콩버터 젤리 샌드위치는 맛이 없을 수가 없지.

Grammar Point

회화를 튼튼하게 해주는 문법 원 포인트 레슨을 확인해보세요.

can ~할 수 있어(능력), ~해도 돼(허락)

조동사 can은 '~할 수 있다'는 뜻이고 뒤에는 동사원형이 옵니다. Can you~?로 물으면 '~할 수 있어?'라는 뜻도 되고, '~해 줄래?'라고 부탁하는 뜻도 됩니다. 그 외에 can은 '~해도 돼'라는 허락의 의미로도 쓰입니다.

- **I can help you!**
- **You can take out whatever you need from the fridge.**
- **Can you help me make some sandwiches?**
- **Can you please spread the jelly?**

can't ~일 리가 없어(추측)

부정형인 can't에는 '~할 수 없어', '~하면 안 돼'라는 뜻 외에 '~일 리가 없어'라는 추측의 의미도 있어요. It can't be true. 하면 '그게 사실일 리 없어.'라는 뜻이 됩니다. You can't go wrong with~는 '~은 잘못될[실패할] 리가 없어'라는 뜻으로 외워두세요.

- **You can't go wrong with PB&J sandwiches.**

Can you help me **make some sandwiches?**

샌드위치 만드는 걸 도와주실 수 있나요?

Can you help me? 하면 '나를 도와줄 수 있나요?'라는 뜻이지요. 구체적으로 어떤 도움이 필요한지 말하려면 뒤에 동사원형을 붙이면 됩니다. '~가 ~하는 것을 돕다'라고 할 때 〈help + 목적어 + 동사원형〉의 순서로 쓰거든요. '음식을 만든다'고 할 때 불을 써서 요리하는 경우에는 cook을 쓰지만, 샐러드나 샌드위치처럼 간단히 만드는 음식에는 make를 씁니다.

Can you help me **move this table?**	이 테이블 옮기는 거 도와줄래?
Can you help me **bake?**	빵 굽는 걸 도와주실 수 있어요?
Can you help me **prepare dinner?**	저녁 식사 준비 도와줄 수 있어?

What kind of **sandwich are you gonna make?**

어떤 샌드위치 만들 거예요?

샌드위치의 종류는 무척 다양하지요. kind가 '종류'라는 뜻이므로 What kind of는 '어떤 종류의 ~'라는 뜻이에요. what kind of 뒤에 다양한 명사를 붙여서 What kind of books(어떤 종류의 책), What kind of movies(어떤 종류의 영화)와 같이 활용해보세요.

What kind of **music do you like?**	어떤 음악을 좋아해?
What kind of **job are you looking for?**	어떤 일자리를 찾으세요?
What kind of **spaghetti are you gonna make?**	어떤 스파게티 만들 거야?

I was thinking about **making PB&J sandwiches.**

땅콩버터 젤리 샌드위치를 만들까 생각 중이었어요.

〈be동사 + 동사-ing〉는 '~하는 중이다'라는 진행의 의미가 있어요. 그래서 I was thinking~ 은 '~할까 생각 중이었어'라는 뜻이에요. 현재진행형인 I'm thinking을 써도 되지만, 과거진행형인 I was thinking을 쓰면 '안 할 수도 있다, 고민 중이다'라는 느낌이 더 강해집니다.

I was thinking about **selling** my car.
I was thinking about **going** to New York.
I was thinking about **finding** a new job.
새로운 일자리를 찾을까 생각 중이었어.

내 차를 팔까 생각 중이었어.
뉴욕에 갈까 생각 중이었어.

You can take out whatever you need from the fridge. 냉장고에서 필요한 재료 뭐든 꺼내렴.

여기서 can은 '~해도 돼'라는 허락의 의미로 쓰였어요. 상대방에게 뭔가를 해도 된다고 말할 때 You can~으로 시작해보세요. take out은 '꺼내다'라는 뜻인데 식당에서 음식을 '포장해가 다'라는 뜻으로도 자주 쓰입니다.

You can **eat** more food.
You can **stay** here longer if you want.
Now you can **play** with your friends.

음식 더 먹어도 돼.
원하면 여기 더 머물러도 돼.
이제 친구들하고 놀아도 돼.

You can take out whatever you need from the fridge. 냉장고에서 필요한 재료 뭐든 꺼내렴.

whatever는 '무엇이든, 어떤 것이든'이라는 뜻입니다. whoever(누구든), whenever(언제 든), wherever(어디든), whichever(어떤 것이든)도 함께 기억해두세요.

Do whatever you want.
Whatever happens, I will be with you.
I don't care whatever she says.

원하는 건 뭐든 해라.
무슨 일이 있어도 난 너와 함께 있을 거야.
그녀가 뭐라고 해도 난 신경 안 써.

Drill 1

학습한 내용을 응용하여 영작해보세요.

1

제 고양이 찾는 걸 도와줄 수 있어요?   보기 you, me, help, my, find, cat, can

2

걔는 어떤 사람이야?   보기 of, kind, is, person, he, what

3

서울을 떠날까 생각 중이었어.   보기 was, I, leaving, about, Seoul, thinking

4

넌 내 전화기 써도 돼.   보기 phone, you, my, use, can

5

그는 뭘 해도 잘한다.   보기 whatever, good, he, does, at, he's

Drill 2

영어를 가리고 한국어를 보면서 바로 말할 수 있는지 체크해보세요. 11 02

☐	샌드위치 만드는 걸 도와주실 수 있나요?	Can you help me make some sandwiches?
☐	도와줘야지!	I can help you!
☐	어떤 샌드위치 만들 거예요?	What kind of sandwich are you gonna make?
☐	땅콩버터 젤리 샌드위치를 만들까 생각 중이었어요.	I was thinking about making PB&J sandwiches.
☐	냉장고에서 필요한 재료 뭐든 꺼내렴.	You can take out whatever you need from the fridge.
☐	전 땅콩버터를 바를게요.	I'm going to spread the peanut butter.
☐	잼을 발라주시겠어요?	Can you please spread the jelly?
☐	이제 합쳐볼게요.	Let's put them together.
☐	땅콩버터 젤리 샌드위치는 맛이 없을 수가 없지.	You can't go wrong with PB&J sandwiches.

정답 **1** Can you help me find my cat? **2** What kind of person is he? **3** I was thinking about leaving Seoul. **4** You can use my phone. **5** He's good at whatever he does.

출근하는 애나 배웅하기

리나가 오늘은 제시카와 쇼핑몰 구경을 가려나 보네요.
애나와 제시카 모녀의 출근 시간 대화를 함께 들어보시죠.

리나, 미국 생활은 어때요?
좀 적응됐나요?

 네, 선생님!
어, 애나가 지금 출근하나 봐요. 잠시만요.

Live Talk

Anna	I'm going to work now!
Caelyn	Hey, girls! Mom's going to work. You guys should say goodbye!
Lina & Jessica	Coming!
Lina	Have a great day, Anna.
Jessica	Hey, Mom. What time are you going to come back home today?
Anna	Oh, I'm not sure. I have a full day today. I could be late.
Jessica	Then, could Lina and I go to the mall in the afternoon?
Anna	Sure, I think that'll be okay. I'll check with Dad. I'm pretty sure he could take you.
Jessica	Could you double-check?
Anna	I'll do that.
Lina	Thank you, Anna.
Jessica	Thank you, Mom!
Anna	Alright. See you girls later.
Lina & Jessica	Bye!

go to work 출근하다 **say goodbye** 작별 인사를 하다 **have a full day** 바쁜 하루를 보내다 **could** ~일 수도 있다 **check with** ~에게 확인하다 **pretty** 꽤 **take** 데려다주다 **double-check** 다시 확인하다

애나	엄마 이제 출근한다!
케일린	여러분! 엄마 출근하신대요. 인사해야죠!
리나&제시카	지금 가요!
리나	애나, 좋은 하루 보내세요.
제시카	엄마, 오늘은 몇 시에 집에 오세요?
애나	음, 잘 모르겠네. 오늘은 바빠서 늦을 수도 있어.
제시카	그럼 오후에 리나랑 쇼핑몰에 가도 괜찮아요?
애나	그럼, 괜찮을 거야. 아빠에게 말해놓을게. 데려다주실 수 있을 거야.
제시카	확인해주실래요?
애나	그렇게 할게.
리나	고마워요, 애나.
제시카	고마워요, 엄마!
애나	그래. 이따 보자.
리나&제시카	다녀오세요!

Grammar Point

회화를 튼튼하게 해주는 문법 원 포인트 레슨을 확인해보세요.

could ~일 수도 있어(추측)

could는 can(~할 수 있다)의 과거형으로 '~할 수 있었다'라는 뜻이지만, '~일 수도 있어', '~일 지도 몰라'라는 추측의 의미로도 사용됩니다. 이때는 과거가 아니라 현재나 미래에 대한 추측 이에요.

- I could be late.
- I'm pretty sure he could take you.

Could you~? ~해주시겠어요?(공손한 요청)

부탁할 때 Can you~?를 써도 되지만 Could you~?를 쓰면 더 공손한 요청이 됩니다.

- Could you double-check?

Could I~? 제가 ~해도 될까요?(허가 구하기)

허락을 구할 때 Can I~?를 써도 되지만 Could I~?를 쓰면 더 조심스러운 느낌을 줍니다.

- Could Lina and I go to the mall?

What time are you going to **come back home today?**

오늘은 몇 시에 집에 오세요?

---

be going to는 '~할 것이다'라는 뜻으로 미래의 일을 나타낼 때 씁니다. what time은 '몇 시' 라는 뜻이므로 What time are you going to~?는 '몇 시에 ~할 거야?'라고 묻는 표현이에요.

What time are you going to **meet your friend?**	몇 시에 친구 만날 거야?
What time are you going to **eat dinner?**	몇 시에 저녁 먹을 거야?
What time are you going to **go out?**	몇 시에 외출할 거야?

Sure, I think that'll **be okay.**

그럼, 괜찮을 거야.

That is~는 '그것은 ~야'라는 뜻이고, That'll be~는 '그것은 ~일 거야'라는 뜻이에요. 앞에 I think(내 생각에는)를 붙여 I think that'll be~라고 하면 '그것은 ~일 것 같아'라고 미래의 일에 대한 내 생각을 말하는 표현이 됩니다.

I think that'll be **fantastic.**	그거 환상적일 것 같은데.
I think that'll be **acceptable.**	그래도 될 것 같은데.
I think that'll be **awful.**	그건 끔찍할 것 같아.

I'll check with **Dad.**

아빠에게 확인해볼게.

'확인한다'는 말을 '체크한다'고도 하는데, 이는 영어 단어 check에서 온 말이에요. check는 '확인하다, 조사하다' 등의 뜻이에요. check 뒤에 'with+사람'이 오면 '~에게 확인하다[문의 하다]'라는 뜻이 됩니다.

I'll check with my boss.   상사에게 확인해볼게요.
I'll check with the marketing team.   마케팅팀에 확인해볼게요.
I'll check with my English teacher.   저희 영어 선생님께 확인해볼게요.

I'm pretty sure he could take you.

아빠가 분명히 데려다주실 수 있을 거야.

sure는 '확신하는'이라는 뜻입니다. 그래서 확실히 알고 있는 것을 말할 때 앞에 I'm sure~(난 ~라고 확신해)를 붙입니다. 여기에 '꽤, 상당히'라는 뜻의 pretty까지 넣으면 '꽤 확신한다, 장담한다'의 의미가 됩니다.

I'm sure you're right.   네가 옳다고 확신해.
I'm sure he is not stupid.   그는 멍청하지 않은 게 분명해.
I'm sure we can make it.   우리는 확실히 해낼 수 있어.

Could you double-check?

다시 확인해주실래요?

정중하게 부탁할 때 Could you~?를 써서 묻는다고 했지요. Can you~?를 써도 의미는 같지만 Could you~?를 쓰면 더 공손한 표현이 됩니다. 앞에서 언급했듯이 could를 썼다고 해서 과거의 의미로 해석하면 곤란합니다.

Could you check for me?   (저를 위해) 확인 좀 해주시겠어요?
Could you lend me some money?   돈을 좀 빌려주실 수 있을까요?
Could you tell me where the library is?
도서관이 어디 있는지 좀 알려주시겠어요?

학습한 내용을 응용하여 영작해보세요.

1
_____

오늘 밤에 몇 시에 잘 거야?　　　　보기 going, you, to, sleep, what, are, tonight, time

2
_____

그거 흥미로울 것 같은데.　　　　보기 be, I, that'll, interesting, think

3
_____

너희 아버지에게 확인해볼게.　　　　보기 your, check, father, I'll, with

4
_____

그건 확실히 내 잘못이야.　　　　보기 my, I'm, it's, fault, sure

5
_____

저희에게 예를 하나 들어주실 수 있나요?　　　　보기 an, could, us, you, example, give

Drill 2

영어를 가리고 한국어를 보면서 바로 말할 수 있는지 체크해보세요.　🔊 12 02

☐ 엄마 이제 출근한다!	I'm going to work now!	
☐ 인사해야죠!	You guys should say goodbye!	
☐ 오늘은 몇 시에 집에 오세요?	What time are you going to come back home today?	
☐ 오늘은 바빠.	I have a full day today.	
☐ 늦을 수도 있어.	I could be late.	
☐ 리나랑 쇼핑몰에 가도 괜찮아요?	Could Lina and I go to the mall?	
☐ 그럼, 괜찮을 거야.	Sure, I think that'll be okay.	
☐ 아빠에게 확인해볼게.	I'll check with Dad.	
☐ 아빠가 분명히 데려다주실 수 있을 거야.	I'm pretty sure he could take you.	
☐ 확인해주실래요?	Could you double-check?	

정답　**1** What time are you going to sleep tonight? **2** I think that'll be interesting. **3** I'll check with your father. **4** I'm sure it's my fault. **5** Could you give us an example?

온라인 자기 계발 수업 듣기

자기 계발을 위해서 노력하는 제시카가 특별한 수업을 듣는다고 해요.
제시카의 브이로그를 한번 살펴볼까요?

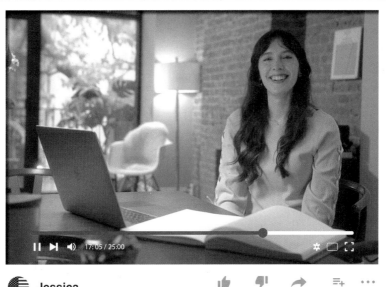

17:05 / 25:00

 Jessica

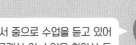

안녕하세요, 여러분! 저는 자기 계발을 위해서 줌으로 수업을 듣고 있어요. 요새 제 미래에 관심이 많아졌거든요. 그래서 이 수업을 찾아서 듣게 됐어요. 어떤 수업인지 소개해드릴게요! 제 브이로그 재미있게 봐주세요. 😎

Live Talk

Jessica

This is a journaling program… And I'm writing about my job and career path, answering some related questions.

Let's see. I should get a pen, too. Alright.

Turn on the computer… log onto Zoom… type in the ID and password... Okay, done.

You know, the leader of this class is Korean American, Ms. Han. She's super good and motivated.

Anyway, I still have 5 minutes, so I should get something to drink really quick.

OK! All set! It should be rewarding today as usual.

journaling 저널링(특정 주제나 전문 분야를 다루는 저널 쓰기) **career path** 커리어, 진로 **related** 관련된 **turn on** (전원을) 켜다 **log onto** ~에 로그인하다 **type in** 입력하다 **ID**(=identification) 신원 확인, 신분증 **password** 비밀번호 **motivated** 의욕을 가진 **all set** 만반의 준비가 된 **rewarding** 보람 있는 **as usual** 평소처럼

제시카   저널링 프로그램인데… 제 직업과 커리어에 관해 쓰고 있어요. 관련 질문에 답변도 하고요.

어디 보자. 펜도 필요하겠네요. 좋아요.

컴퓨터를 켜고... 줌에 로그인하고... ID랑 패스워드를 치면... 다 됐어요.

이 수업의 리더가 한국계 미국인인 한 선생님이에요. 진짜 좋고 의욕이 넘치는 분이시랍니다.

여하튼, 아직 5분 남았으니 마실 것 좀 빨리 가져와야겠어요.

자! 준비 끝! 오늘도 보람 있는 수업이 될 거예요.

Grammar Point

회화를 튼튼하게 해주는 문법 원 포인트 레슨을 확인해보세요.

should ~해야 한다(의무), ~하는 게 좋다(충고)

must, have to, should는 모두 '~해야 한다'는 뜻인데 해야 하는 강도에 차이가 있습니다. 가장 강한 뉘앙스의 must는 '안 하면 큰일난다'는 의미이고, 그 다음 강도의 have to는 '~하는 것이 의무나 책임'이라는 느낌을 줍니다. 강도가 제일 약한 should는 '~하는 편이 좋다', '~해야겠다' 정도의 어감입니다.

- **I should get a pen, too.**
- **I should get something to drink really quick.**

should ~일 거야(추측)

must, have to, should 뒤에 be를 붙이면 모두 '추측'의 의미가 되는데 여기에도 강도의 차이가 있습니다. must be는 '~임에 틀림 없다'는 강한 추측이고, have to be는 '~이어야만 해'라는 다소 강한 추측이고, should be는 '아마 ~일 거야'라는 약한 추측의 의미입니다.

- **It should be rewarding today as usual.**

I'm writing about my job and career path.

저는 제 직업과 커리어에 관해 쓰고 있어요.

어떤 주제에 대해 글을 쓴다고 할 때 write about이라고 해요. about 대신에 of나 on을 써도
같은 뜻입니다. 다만 write on은 종이 등 어떤 표면 위에 글을 쓴다는 뜻도 되므로 문맥을 잘 살
펴볼 필요가 있습니다.

I'm writing about yesterday's events.   어제 있었던 일에 대해 쓰고 있어요.
Let's write about something new.   뭔가 새로운 것에 관해 쓰자.
Today, we will write about life and death.
오늘은 삶과 죽음에 대해 써볼 거예요.

I should get a pen, too.

펜도 가져와야겠네요.

should는 '~해야 한다'라는 약한 의무를 나타내기도 하고, '~하는 게 좋아'라고 상대방에게 충
고할 때도 사용해요. 또 '~일 거야'라고 추측할 때도 사용합니다. 예문을 통해 should의 쓰임을
연습해 봐요.

I should be there in time.   난 거기에 늦지 않게 도착해야 해.
You should not eat after 6 p.m.   저녁 6시 이후에는 먹지 않는 게 좋아요.
He should be on his way home now.   그는 지금 집에 오고 있는 중일 거야.

Turn on the computer.

컴퓨터를 켜요.

컴퓨터 같은 전자기기, 전등, 기계 등의 전원을 켜는 것을 turn on이라고 해요. 반대로 '전원을
끄다'는 on의 반대 개념인 off를 써서 turn off라고 합니다.

I turned on my laptop to check my email.
나는 메일 확인을 위해 노트북을 켰다.

Turn off the light when you go to sleep.
잘 때는 불을 끄도록 해.

Log onto Zoom.

줌에 로그인해요.

log onto는 온라인이나 모바일 서비스, 스마트폰 앱 등에 아이디와 패스워드를 입력해 로그인하는 것을 말합니다. 반대로 로그아웃하는 것은 log off of 또는 log out of로 표현합니다.

You should log onto our webpage first.
먼저 우리 웹 페이지에 접속하셔야 합니다.

Log off of Facebook before turning off your computer.
컴퓨터 전원을 끄기 전에 페이스북에서 로그아웃하세요.

I should get something to drink really quick.

마실 것 좀 빨리 가져와야겠어요.

'뭔가 ~할 것[일]'이라고 말할 때 something to를 사용하면 유용합니다. to 뒤에 동사원형을 붙여서 something to drink(마실 것), something to eat(먹을 것), something to do(할 일)처럼 쓰면 됩니다. 부정문이나 의문문에서는 something 대신 anything을 쓴다는 점도 알아두세요.

I have something to tell you.	너에게 할 말이 좀 있어.
We have something to do tonight.	우린 오늘 밤에 할 일이 좀 있어.
Do you have anything to do?	할 일이 뭐 있어?

Drill 1

1

_____

우리는 음식과 요리에 대해 쓸 거에요.

보기 and, going, we, cooking, are, about, write, food, to

2

_____

너 오늘 밤엔 일찍 자야 해.

보기 early, you, bed, go, tonight, should, to

3

_____

TV 좀 켜주세요.

보기 television, turn, the, please, on

4

_____

먼저 그 앱에 로그인해야 돼.

보기 should, log, first, onto, the, you, app

5

_____

읽을 것 좀 빌릴 수 있을까요?

보기 I, to, can, read, something, borrow

Drill 2

영어를 가리고 한국어를 보면서 바로 말할 수 있는지 체크해보세요.

☐ 저는 제 직업과 커리어에 대해 쓰고 있어요.	I'm writing about my job and career path.
☐ 펜도 가져와야겠네요.	I should get a pen, too.
☐ 컴퓨터를 켜요.	Turn on the computer.
☐ 줌에 로그인해요.	Log onto Zoom.
☐ 진짜 좋고 의욕이 넘치는 분이에요.	She's super good and motivated.
☐ 마실 것 좀 빨리 가져와야겠어요.	I should get something to drink really quick.
☐ 오늘도 보람 있는 수업이 될 거에요.	It should be rewarding today as usual.
☐ 저녁 6시 이후에는 먹지 않는 게 좋아요.	You should not eat after 6 p.m.

 1 We are going to write about food and cooking. **2** You should go to bed early tonight. **3** Please turn on the television. **4** You should log onto the app first. **5** Can I borrow something to read?

미국식 '3분 요리' 만들어 먹기

배고픈 점심 시간! 리나가 즉석 식품을 먹어본다고 합니다.
다 함께 리나의 라이브 방송에 들어가볼까요?

Lina	This is mac and cheese. It's like Americans' pasta. I'll show you how to cook it.
Caelyn	맥앤치즈군요! 맛있게 만들어 먹어요!
Lina	Let's see. Remove seal of the cup.
	Remove the cheese pouch and keep it aside.
	Cheese pouch.
	Add water to the fill line and stir.
	Okay, add water. And stir. Now…
	Put it into the microwave. For 3 minutes!
	That wasn't too hard.
	Now… Add some cheese. And stir.
	It looks so good! Let's try. Yummy!
	Also, will you recommend any yummy instant food for me? I'll try next time.

---

pasta 파스타 **show** 보여주다 **remove** 제거하다, 벗기다 **seal** (용기의) 밀봉 부분 **pouch** 주머니
keep it aside 한쪽에 따로 두다 **add** 추가하다, 더하다 **fill line** 물 채우는 표시선 **stir** 젓다, 섞다
microwave 전자레인지 **recommend** 추천하다 **yummy** 맛있는 **instant food** 즉석 식품, 간편식

리나	맥앤치즈랍니다. 미국인들의 파스타 같은 거예요.
	어떻게 만드는지 보여드릴게요.
케일린	맥앤치즈군요! 맛있게 만들어 먹어요!
리나	어디 보자. 컵의 뚜껑을 뜯으세요.
	치즈 파우치를 꺼내서 옆에 두세요.
	치즈 파우치.
	물을 표시선까지 따르고 저어주세요.
	물을 따르세요. 그리고 저어주세요. 이제… 전자레인지에 넣어주세요.
	3분 동안요!
	어렵지 않은데요.
	이제… 치즈를 넣어주세요. 그리고 저어주세요.
	맛있어 보이는데요! 먹어볼게요. 맛있다!
	그리고, 여러분도 맛있는 간편식 있으면 추천해주실래요?
	다음에 시도해볼게요.

Grammar Point

회화를 튼튼하게 해주는 문법 원 포인트 레슨을 확인해보세요.

will ~할 거야 (의지 미래, 단순 미래)

미래의 일을 나타내는 조동사 will은 두 가지 경우에 사용됩니다. 주어의 의지가 강하게 개입되어 '~할 거야'라는 뜻으로 쓰이는 경우(의지 미래)가 있고, 의지와 관계 없이 미래에 일어날 일을 이야기하며 '(시간이 지나면) ~하게 될 거야'라는 뜻으로 쓰이는 경우(단순 미래)가 있습니다.

- **I'll show you how to cook it.**
- **I'll try next time.**

Will you~? ~해줄래? (가벼운 부탁)

Will you~?는 친한 사이에 '~해줄래?' 하고 가볍게 부탁할 때 사용합니다. '창문 좀 열어줄래?'는 Will you open the door?라고 하면 됩니다.

- **Will you recommend any yummy instant food for me?**

I'll show you how to **cook it.**

어떻게 만드는지 보여드릴게요.

I'll은 I will의 줄임말로 '내가 ~할게'라는 뜻입니다. I'll show you(내가 너에게 보여줄게) 뒤에 how to~(~하는 법)를 붙이면 '내가 ~하는 법을 보여줄게'라는 뜻이 됩니다. 복잡한 걸 쉽게 설명해주거나 시범을 보일 때 I'll show you how to~(~하는 법을 보여줄게)를 사용해보세요.

I'll show you how to **do it.**	내가 하는 법을 보여줄게.
I'll show you how to **make kimchi.**	김치 어떻게 만드는지 보여줄게.
I'll show you how to **download the app.**	그 앱 어떻게 다운받는지 보여줄게.

Remove **seal of the cup.**

컵의 뚜껑을 뜯으세요.

---

remove는 '제거하다, 없애다'라는 뜻이에요. 영화에서 적을 '제거한다'고 할 때도 쓰고, 컵라면의 뚜껑을 '뜯어서 제거한다'고 할 때도 써요. 원래는 Remove the seal이라고 써야 맞지만, 기사의 헤드라인이나 인쇄된 제품 설명 등에서는 관사(a/the)를 생략하는 경우가 많아요.

First, remove the shells of the clams.
먼저 조개의 껍데기를 벗기세요.

Remove the packaging surrounding the doll.
인형을 싸고 있는 포장을 뜯어요.

You should remove the seeds from the apples.
사과에서 씨를 빼야 해요.

Remove the cheese pouch and **keep it aside.** 치즈 파우치를 꺼내서 옆에 두세요.

---

keep에는 '보관하다, 가지고 있다'라는 뜻이 있어요. side(옆)와 모양이 비슷한 aside는 '(나중에 쓰려고) 따로'라는 뜻이에요. 그래서 keep it aside는 '(나중에 쓰려고) 따로 두다'라는 뜻이 됩니다.

Peel off the skin and keep it aside. 껍질을 벗겨서 옆에 두세요.
Mash the potato and keep it aside. 감자를 으깨서 옆에 두세요.
Keep it aside. You will need it later. 옆에 둬. 나중에 필요할 거야.

Put it into the microwave. For 3 minutes!

전자레인지에 넣어주세요. 3분 동안요!

'~동안'이라고 시간이 얼마나 지속되는지 말할 때는 시간 앞에 전치사 for를 붙여요. '1시간 동안'은 for one hour, '10달 동안'은 for 10 months라고 합니다. 한편 숫자가 아니라 '휴가'나 '방학'처럼 특정한 기간을 나타내는 명사 앞에는 during을 씁니다. 그래서 '여름방학 동안'이라고 하려면 during the summer vacation이라고 해야 합니다.

Peter lived in Daegu for 7 years. 피터는 대구에 7년을 살았어.
I brush my teeth for 5 minutes. 난 양치질을 5분 동안 해.
I'm gonna stay here for 3 nights and four days.
나 여기 3박 4일 동안 머물 거야.

Will you recommend any yummy instant food for me?

맛있는 간편식 있으면 추천해주실래요?

Will you~?는 편한 사이에 부탁할 때 많이 쓰는 표현입니다. 좀더 공손하고 정중하게 부탁해야 한다면 Would you~?나 Could you~?를 사용하는 것이 좋습니다.

Will you marry me? 나랑 결혼해줄래?
Will you do me a favor? 부탁 하나 들어줄래?
Will you give me a hint? 힌트 좀 줄래?

Drill 1

학습한 내용을 응용하여 영작해보세요.

1

_____

오믈렛 어떻게 만드는지 보여줄게.　　　**보기** make, I'll, you, to, an, how, omelet, show

2

_____

배의 껍질을 벗겨주세요.　　　**보기** skin, remove, from, the, pear, the

3

_____

그것들을 잘 섞어서 옆에 두세요.　　　**보기** them, keep, it, well, and, aside, mix

4

_____

나 다섯 달 동안 집에 없을 거야.　　　**보기** be, I, five, won't, months, home, for

5

_____

공항까지 나 차 태워줄래?　　　**보기** you, drive, the, to, me, airport, will

Drill 2

영어를 가리고 한국어를 보면서 바로 말할 수 있는지 체크해보세요. 🔊 14 02

☐ 어떻게 만드는지 보여드릴게요.	I'll show you how to cook it.
☐ 컵의 뚜껑을 뜯으세요.	Remove seal of the cup.
☐ 치즈 파우치를 꺼내서 옆에 두세요.	Remove the cheese pouch and keep it aside.
☐ 전자레인지에 넣어주세요. 3분 동안요!	Put it into the microwave. For 3 minutes!
☐ 맛있는 간편식 있으면 추천해주실래요?	Will you recommend any yummy instant food for me?
☐ 다음에 시도해볼게요.	I'll try next time.
☐ 인형을 싸고 있는 포장을 뜯어요.	Remove the packaging surrounding the doll.
☐ 감자를 으깨서 옆에 두세요.	Mash the potato and keep it aside.
☐ 힌트 좀 줄래?	Will you give me a hint?

정답 **1** I'll show you how to make an omelet. **2** Remove the skin from the pear. **3** Mix them well and keep it aside. **4** I won't be home for five months. **5** Will you drive me to the airport?

96

샘이 알려주는 식기세척기 사용법

만족스러운 저녁 식사를 마친 리나가 소화도 시킬 겸 설거지를 하려나 봅니다.
그나저나 그 많은 설거지를 혼자 다 하려는 걸까요?

리나, 저녁 잘 먹었어요?

 엄청 많이 먹었어요! 너무 배불러요!
이제 설거지하면서 소화 좀 시키려고요.

Sam	Oh, Lina! I could help.
Lina	Would you? Thanks! Then… could you bring all the dishes from the table then?
Sam	Sure. But Lina, why aren't you using the dishwasher? It'd be much more convenient. I would use it.
Lina	Wait… do you guys have one?
Sam	Yeah, right here!
Lina	What?
Sam	All you have to do is remove the large food particles or burnt-on food before putting the dishes in the dishwasher.
Lina	But would it be okay if I put all the dishes in the dishwasher?
Sam	It's better if you don't put any metal or wood in the dishwasher.
Lina	I'll definitely use it next time.
Sam	Sure.
Lina	Thank you.

bring 가져오다 **dishwasher** 식기세척기 **convenient** 편리한, 간편한 **particle** 아주 작은 조각[입자]
burnt-on food 타서 눌어붙은 음식 **metal** 금속, 쇠 **wood** 나무 **definitely** 꼭, 당연히

샘	리나! 내가 도와줄게.
리나	정말? 고마워! 그럼 식탁에 있는 접시들 좀 갖다줄래?
샘	응. 근데 식기세척기는 왜 안 써? 훨씬 편할 텐데. 나라면 이걸로 한다.
리나	아니, 식기세척기가 있었어?
샘	응, 여기 있잖아!
리나	아니?
샘	식기세척기에 그릇을 넣기 전에 큰 음식물이나 탄 것만 제거하면 돼.
리나	모든 접시를 다 식기세척기에 넣어도 돼?
샘	금속이나 나무 재질은 안 넣는 게 좋지.
리나	다음에 꼭 써볼게.
샘	좋아.
리나	고마워.

Grammar Point

회화를 튼튼하게 해주는 문법 원 포인트 레슨을 확인해보세요.

would ~일 거야 (추측)

would는 '~일 거야'라는 추측의 뜻으로 쓰여요. 그럴 때는 보통 It would be~(~일 거야) 형태로 쓰이므로 통째로 외워두면 좋아요. It would를 줄여서 It'd라고도 합니다.

- **It'd be much more convenient.**
- **Would it be okay if I put all the dishes in the dishwasher?**

would ~하겠다 (의지)

I would는 '(나라면) ~하겠다'라는 의지의 뜻으로 쓰이기도 해요. 어떤 가정 하에서 의지를 나타낸다는 점에서 will과 다릅니다.

- **I would use it.**

Would you~? ~해주시겠어요? (공손한 부탁)

가벼운 부탁을 할 때는 Will you~?를 쓴다고 했죠? 공손하고 정중하게 부탁할 때는 Would you~?를 사용합니다. '부탁 좀 드려도 될까요?', '~해주실 수 있을까요?' 정도의 어감이에요.

- **Would you? Thanks!**

Could you bring all the dishes from the table then?

식탁에 있는 접시들 좀 다 갖다줄래?

---

bring은 '가져오다, 데려오다'라는 뜻이고, take는 '가져가다, 데리고 가다'라는 뜻이에요. 뭔가를 어디에서 가져온다고 할 때는 위의 문장처럼 bring과 from을 함께 씁니다.

> **Will you bring me some food from the fridge?**
> 냉장고에서 음식 좀 가져다줄래?
>
> **I will bring Andy home from school.**
> 내가 앤디를 학교에서 집으로 데려올게.

Why aren't you using the dishwasher?

식기세척기는 왜 안 써?

멀쩡한 식기세척기를 두고 안 쓰는 게 궁금해진 샘이 이렇게 물어보네요. '왜 ~ 안 해?' 하고 이유를 물을 때 쓰는 표현이 〈Why aren't you+동사-ing?〉입니다.

> **Why aren't you doing the dishes?** 왜 설거지 안 하는 거야?
> **Why aren't you going anywhere?** 왜 아무데도 안 가는 거야?
> **Why aren't you laughing?** 왜 웃지를 않는 거야?

It'd be much more convenient.

그게 훨씬 편할 텐데.

여기서 It'd는 It would를 줄인 것으로 '~할 텐데', '아마 ~할 거야'라는 추측의 의미입니다. 가정을 나타내는 if절과 함께 쓰여 '~하면 ~할 텐데', '~하면 ~할 거야'라는 의미로 쓰일 때가 많습니다. It will~이 다소 확실한 미래를 나타내는 반면 It'd~는 추측을 나타냅니다.

It'd be easier to use this library if there was an elevator.
엘리베이터가 있다면 이 도서관 이용이 더 쉬울 텐데.

It'd be great if he moved to Seoul.
그가 서울로 이사 온다면 너무 좋을 텐데.

It'd only take 20 minutes to go there by car.
거기 차로 가면 20분밖에 안 걸릴 거야.

All you have to do is remove the large food particles.

큰 음식물만 제거하면 돼.

All you have to do is~는 '네가 해야 하는 모든 것은 ~이다'라는 뜻이에요. 즉, '너는 ~만 하면 돼'라는 뜻이지요. particle은 '아주 작은 입자나 조각'이라는 뜻으로 food particle은 '작은 음식물 조각'을 말해요. 앞에 large가 붙었으니 그중에서 큰 것만 제거하라는 말이에요.

All you have to do is tell me the truth.　　넌 내게 진실만 말해주면 돼.
All you have to do is wait and see.　　넌 지켜보기만 하면 돼.
All you have to do is visit the website and register.
넌 웹사이트 방문해서 등록만 하면 돼.

Would it be okay if I put all the dishes in the dishwasher?

모든 접시를 다 식기세척기에 넣어도 돼?

Would it be okay if~?는 '~해도 괜찮을까요[될까요]?' 하고 의견이나 허락을 구하는 표현이에요. Would it be okay if 뒤에 오는 절의 동사는 현재형과 과거형을 모두 쓸 수 있어요. 과거형을 쓰면 '가정(만약 ~한다면)'의 의미가 더 강해집니다.

Would it be okay if I close this window?　　창문 좀 닫아도 될까요?
Would it be okay if I check out late?　　(호텔에서) 체크아웃 늦게 해도 될까요?
Would it be okay if I asked you out?　　제가 데이트 신청해도 될까요?

1

도서관에서 그 책 좀 갖다줄래?   보기 bring, can, library, the, from, you, book, the

2

왜 아직 안 자?   보기 yet, why, you, sleeping, aren't

3

그게 훨씬 더 쉬울 텐데.   보기 much, be, easier, it'd

4

넌 잠만 잘 자면 돼.   보기 sleep, all, have, well, to, do, you, is

5

스테이크 좀 더 먹어도 될까요?   보기 steak, would, more, it, some, had, okay, be, if, I

Drill 2

영어를 가리고 한국어를 보면서 바로 말할 수 있는지 체크해보세요. 🔊 15 02

☐ 그래 줄래? 고마워!	Would you? Thanks!
☐ 식탁에 있는 접시들 좀 다 갖다줄래?	Could you bring all the dishes from the table then?
☐ 식기세척기는 왜 안 써?	Why aren't you using the dishwasher?
☐ 그게 훨씬 편할 텐데.	It'd be much more convenient.
☐ 나라면 이걸로 한다.	I would use it.
☐ 큰 음식물만 제거하면 돼.	All you have to do is remove the large food particles.
☐ 모든 접시를 다 식기세척기에 넣어도 돼?	Would it be okay if I put all the dishes in the dishwasher?
☐ 왜 웃지를 않는 거야?	Why aren't you laughing?
☐ 넌 내게 진실만 말해주면 돼.	All you have to do is tell me the truth.

정답 **1** Can you bring the book from the library? **2** Why aren't you sleeping yet? **3** It'd be much easier. **4** All you have to do is sleep well. **5** Would it be okay if I had some more steak?

제시카와 보내는 주말 아침

집 근처에 카페가 있으면 참 좋죠!
친구와 여유롭게 동네 카페에 가서 시간을 보내면 더 좋고요.
카페에 가려고 하는 리나와 제시카의 대화를 함께 들어보시죠.

주말인데 뭐 하고 있어요?

 오늘은 그냥 집에 있어요.

날씨 좋으면 제시카랑 오붓하게
커피 한잔하러 가는 건 어때요?

Lina	Hey Jess, you wanna get some coffee?
Jessica	Sure! There's a coffee shop not too far away. We can walk. Oh, wait. What time is it?
Lina	Umm, it's 10:30.
Jessica	Oh, they might be closed. They open at elevenish, I think.
Lina	What should we do then?
Jessica	We may slowly walk to the coffee shop and wait for it to open.
Lina	Sure, why not!
Caelyn	So, what are you girls getting?
Lina	Um, I like iced latte. How about you?
Jessica	I like flat white.
Lina	You know what? I might get a flat white today, too!
Jessica	OK. Let's head out.

coffee shop(=cafe) 카페, 커피숍   **not too far away** 너무 멀지 않은 곳에   **might** ~일지도 모른다
elevenish 11시쯤   **may** ~해도 된다, ~해도 좋다   **wait for A to B** A가 B하기를 기다리다   **flat white**
플랫 화이트(스팀 밀크를 에스프레소 샷 위에 부어서 만든 커피)   **head out** 출발하다

리나	제시카, 커피 마실래?
제시카	좋지! 멀지 않은 곳에 카페가 하나 있어. 걸어서 갈 수 있어.
	아, 잠깐. 지금 몇 시지?
리나	음, 10시 반.
제시카	아, 닫혔겠다. 11시쯤 열었던 것 같아.
리나	그럼 어쩌지?
제시카	카페까지 천천히 걸어가서 오픈할 때까지 기다리면 될 거 같아.
리나	응, 그러자!
케일린	뭐 마실 거예요?
리나	음, 전 아이스라테요. 넌?
제시카	나는 플랫 화이트가 좋아.
리나	저기 있잖아. 나도 오늘은 플랫 화이트 마실까 봐!
제시카	좋아. 나가자.

Grammar Point

회화를 튼튼하게 해주는 문법 원 포인트 레슨을 확인해보세요.

may/might ~할지도 몰라(추측), ~해도 됩니다(정중한 허락)

may는 '아마 ~일지도 몰라', '~일 수도 있어'라는 추측의 의미로 쓰이는 조동사예요. may는 또 '~해도 됩니다'라고 정중하게 허락할 때도 쓰고, '~해도 될까요?' 하고 허락을 구할 때도 씁니다. may의 과거형인 might도 '추측'과 '허락'에 모두 사용할 수 있어요. 이때 might는 과거가 아니라 현재의 의미라는 점에 주의하세요.

• **We may slowly walk to the coffee shop.**
• **They might be closed.**
• **I might get a flat white today!**

You wanna get some **coffee?**

커피 마실래?

wanna는 want to를 줄인 말입니다. '커피 마실래?'를 Do you want to get some coffee? 라고 또박또박 말할 수도 있지만, 위 예문처럼 do를 생략하고 want to를 wanna로 바꿔서 간단하게 말할 수도 있어요. 일상 회화에서는 이렇게 생략하거나 줄여서 말할 때가 많아요.

You wanna get some ice cream?	아이스크림 먹을래?
You wanna get some donuts?	도넛 먹을래?
You wanna get some tea?	차 좀 마실래?

There's a coffee shop not too far away.

그리 멀지 않은 곳에 카페가 하나 있어.

far away는 '멀리'라는 뜻이므로 too far away는 '너무 멀리'라는 뜻이에요. 여기에 not이 붙어서 '너무 멀지 않게', '그리 멀지 않은'이라는 의미가 됐어요. 너무 멀지 않다는 것은 가볼 만하다는 의미입니다.

The zoo is not too far away from here. 동물원은 여기서 아주 멀지는 않다.
There's a public library not too far away.
그리 멀지 않은 곳에 공립 도서관이 있다.
➕ not too far away는 거리뿐만 아니라 시간상의 의미로도 쓸 수 있어요. 지금까지 없던 새로운 기술이나 제품이 '머잖아' 현실이 되거나 출시될 거라고 말할 때 자주 쓰입니다.
Flying cars are not too far away.   하늘을 나는 자동차는 머잖아 현실이 될 것이다.

They might be closed.

아마 닫혔겠다.

might는 may와 마찬가지로 '아마 ~일지도 몰라'라는 추측이나 '~해도 됩니다'라는 정중한 허락의 의미로 사용됩니다. might의 형태가 과거형이라고 해서 과거의 의미는 아니라는 점에 주의하세요. might를 쓰면 may보다 더 정중하거나 약한 추측이라는 어감의 차이가 있습니다.

I might be late.　나 늦을지도 몰라.
It might be true.　그게 진실일지도 몰라.
There might be another chance.　또 다른 기회가 있을지도 몰라요.

I like iced latte.

전 아이스라테가 좋아요.

'좋아한다'는 뜻인 like는 사람뿐만 아니라 음식이나 장소, 취미 등 자신이 좋아하는 취향을 말할 때 폭넓게 쓸 수 있습니다. like 뒤에는 명사나 동명사(동사-ing), to부정사를 쓰면 됩니다.

I like chocolate chip cookies.　난 초코칩 쿠키가 좋아.
I like skiing.　난 스키 타는 거 좋아해.
➕ I like 대신 I'd like(=I would like)를 쓰면 '난 ~을 원한다'는 뜻이 됩니다.
I'd like an iced latte.　저는 아이스라테 마실게요.

I like iced latte.

전 아이스라테가 좋아요.

우리말로는 '아이스 커피', '아이스 티'라고 하지만 영어로는 iced coffee, iced tea라고 쓰는 경우가 많습니다. ice coffee라고 하면 커피 자체를 얼렸을 것 같은 느낌이 듭니다. '얼음으로 시원하게 만든'이란 뜻인 iced를 붙여서 말해보세요.

I'll have an iced tea, please.　저는 아이스 티로 주세요.
Can I get some iced water?　얼음물 좀 주실래요?
Hot tea or iced?　뜨거운 차, 아니면 시원한 차?

Drill 1

학습한 내용을 응용하여 영작해보세요.

1

_____

볶음밥 좀 먹을래?　　　　　　　　　보기 fried, get, wanna, some, rice, you

2

_____

그리 멀지 않은 곳에 오래된 교회 건물이 있어요.

보기 an, too, there, church, not, far, is, old, building, away

3

_____

이번엔 당신이 틀릴 수도 있어요.　　　　보기 might, you, wrong, be, time, this

4

_____

난 비빔밥 좋아해.　　　　　　　　　　보기 I, bibimbap, like

5

_____

아이스라테는 얼마예요?　　　　　　　보기 the, much, iced, is, latte, how

Drill 2

영어를 가리고 한국어를 보면서 바로 말할 수 있는지 체크해보세요.

☐ 커피 마실래?	You wanna get some coffee?
☐ 그리 멀지 않은 곳에 카페가 하나 있어.	There's a coffee shop not too far away.
☐ 아마 닫혔겠다.	They might be closed.
☐ 11시쯤 열었던 것 같아.	They open at elevenish, I think.
☐ 카페까지 천천히 걸어가면 될 거 같아.	We may slowly walk to the coffee shop.
☐ 오픈할 때까지 기다리면 될 거 같아.	We may wait for it to open.
☐ 전 아이스라테가 좋아요.	I like iced latte.
☐ 나도 오늘은 플랫 화이트 마실까 봐!	I might get a flat white today!
☐ 나가자(출발하자).	Let's head out.
☐ 얼음물 좀 주실래요?	Can I get some iced water?

정답 **1** You wanna get some fried rice? **2** There is an old church building not too far away. **3** You might be wrong this time. **4** I like bibimbap. **5** How much is the iced latte?

108

치아 건강을 위한 양치 습관

건강한 치아를 위한 333 규칙 잘 아시죠? 미국도 333 규칙이 있을까요?
리나와 제시카가 양치하기 전에 나누는 대화를 보며 확인해봅시다.

선생님, 전 이만 씻고
잘 준비를 해야겠어요.

 그래요! 깨끗이 씻고 푹 쉬어요.

제시카, 같이 양치할래?

Lina	Hey. I want to brush my teeth. Do you wanna join?
Jessica	Sure. I'll brush my teeth, too.
Caelyn	Hey, Lina. Remember the 333 Rule?
Lina	Oh, yeah. So… in Korea, we have the 333 Rule.
Jessica	What is it?
Lina	So… you must brush your teeth three times a day, within three minutes after you eat, and for three minutes.
Jessica	Wow. That's a lot. We only are told to brush our teeth twice a day for two minutes.
Lina	Well, let's just say at least twice a day for two minutes.
Jessica	Alright. Hey, your toothbrush is that red one, right?
Lina	No, that must be Sam's. Mine is the purple one.
Jessica	That can't be his. He hates red.
Lina	Well, it's just a toothbrush.

brush one's teeth 양치하다 **join** 함께 하다 **remember** 기억하다 **rule** 규칙 **three times a day** 하루에 세 번 **within** (시간) ~ 내로 **be told to** ~하라는 말을 듣다 **twice** 두 번 **let's just say** ~라고 하자[치자] **at least** 최소 **toothbrush** 칫솔 **must** ~이 틀림없어, ~해야만 하다 **hate** 몹시 싫어하다

리나	제시카. 나 양치하려고 하는데. 너도 할래?
제시카	좋아. 나도 양치할래.
케일린	리나. '333 규칙' 기억하죠?
리나	오, 그럼요. 한국엔 '333 규칙'이란 게 있어.
제시카	그게 뭐야?
리나	양치질은 하루 3번, 식후 3분 이내에, 3분 동안 해야 한다는 규칙이야.
제시카	와. 엄청 많네.
	우리는 하루에 2번, 2분 동안 닦아야 한다고 들었어.
리나	그럼 최소 하루에 2번, 2분 동안이라고 해두자.
제시카	그래. 네 칫솔 빨간색 맞지?
리나	아니. 아마 샘 칫솔일걸. 내 건 보라색이야.
제시카	그럴 리가. 걔 빨간색 싫어하는데.
리나	음, 그냥 칫솔이잖아.

Grammar Point

회화를 튼튼하게 해주는 문법 원 포인트 레슨을 확인해보세요.

must ~해야만 하다(매우 강한 의무)

'~해야 한다'는 의무를 나타내는 조동사로는 must와 함께 have to와 should도 있습니다. 그 중에서 must는 가장 강한 의무를 나타냅니다. must를 쓰면 '그렇게 하지 않으면 큰일난다'는 경고의 의미까지 포함된다고 보면 됩니다.

• **You must brush your teeth three times a day.**

must ~이 틀림없어 (매우 강한 추측)

must는 '~이 틀림없어', '~이 분명해'라는 매우 강한 추측을 나타낼 때도 씁니다. 이때는 주로 must be의 형태로 사용됩니다. can't 역시 매우 강한 추측의 상황에서 '~일 리가 없어'의 의미로 사용됩니다.

• **That must be Sam's.**
• **That can't be his.**

You must brush your teeth three times a day. 하루 3번 양치질을 해야 해.

must는 '~해야만 한다'라는 '강한 의무'를 나타낸다고 했어요. must는 조동사이므로 뒤에 동사원형을 쓰면 됩니다. 뒤에 다양한 동사를 붙여서 꼭 해야 하는 일에 대해 말해보세요.

He must work harder.	그는 더 열심히 일해야 해.
You must come back home.	넌 집에 돌아와야 해.

➕ must의 반대말은 must not(~하면 안 된다)입니다. 이를 줄여서 mustn't로 쓰기도 합니다.

She mustn't say things like that.	그녀가 그렇게 이야기하면 안 되지.

Within three minutes after you eat.
식후 3분 이내에.

within은 '(특정한 시간이나 거리) 안에, 이내에'라는 뜻입니다. 위 문장에서 within 대신 in을 써서 in three minutes라고 하면 '3분 뒤에'라는 뜻이 됩니다.

You have to repay the debt within two years.	넌 2년 안에 빚을 갚아야 해.
The tickets sold out within a few minutes.	티켓은 몇 분 안에 다 팔렸다.
There's no shop within a few kilometers from here.	

여기서 몇 킬로미터 안에는 상점이 없다.

We are told to brush our teeth twice a day.
우리는 양치질을 하루에 2번 해야 한다고 들었어.

told는 tell(말하다)의 과거와 과거분사형입니다. be told는 〈be동사＋과거분사〉라는 수동태이므로 '듣다'라는 뜻입니다. 우리가 평소에 자주 듣는 얘기를 전할 때 We are told to~(우리는 ~하라고 듣는다) 구문을 활용해보세요.

We are told to wash our hands.	손을 씻으라는 말을 들어.
We are told to keep our rooms clean.	방을 깨끗하게 관리하라는 말을 들어.
We are told to love our neighbors.	이웃을 사랑하라는 말을 들어.

Your toothbrush is that red one, right?

네 칫솔 빨간색 맞지?

one은 숫자를 셀 때 '하나'라는 뜻이지만, 대화 중 앞에서 언급한 명사의 중복을 피하기 위해 쓰이기도 합니다. 위 문장에서 one=toothbrush입니다. Your toothbrush is that red toothbrush, right?이라고 말하는 것보다 입이 덜 아프잖아요. 영어는 반복을 매우 싫어하는 언어랍니다.

Which pen is yours? Mine is the blue one.
어떤 펜이 네 거야? 내 건 파란 건데.

You have many books. Can I borrow one?
너 책이 많구나. 내가 하나 빌려도 될까?

Our school building is the one next to the apartment.
우리 학교 건물은 아파트 옆에 있는 거예요.

That can't be his!

그 애 것일 리가 없어!

강한 추측의 의미로 사용하는 must be(~임에 틀림없어)의 반대말은 mustn't be가 아니라 can't be(~일 리 없어)입니다. That can't be his!는 원래 That can't be his toothbrush! (그것은 그의 칫솔일 리가 없어!)인데 toothbrush가 생략된 거예요.

It can't be your fault.	그건 네 잘못일 리가 없어.
These shoes can't be mine.	이 신발은 내 것일 리가 없어.
He can't be your friend.	걔가 네 친구일 리가 없어.

Drill 1

학습한 내용을 응용하여 영작해보세요.

1

_____

여러분은 국제법을 준수해야만 합니다.   보기 must, you, follow, law, international

2

_____

난 여기서 차로 1시간 이내 거리에 산다.   보기 within, from, I, live, drive, here, an hour's

3

_____

우리는 옳은 일을 해야 한다고 듣는다.   보기 the, are, do, right, told, to, thing, we

4

_____

이 엽서들 정말 귀엽다. 내가 하나 가져도 될까?

보기 can, so, I, one, have, are, cute, these, postcards

5

_____

그게 사실일 리 없어.   보기 can't, it, true, be

Drill 2

영어를 가리고 한국어를 보면서 바로 말할 수 있는지 체크해보세요.

☐ 너도 같이 할래?	Do you wanna join?
☐ 하루 3번 양치질을 해야 해.	You must brush your teeth three times a day.
☐ 식후 3분 이내에, 3분 동안.	Within three minutes after you eat, and for three minutes.
☐ 우리는 양치질을 하루에 2번 해야 한다고 들었어.	We are only told to brush our teeth twice a day.
☐ 최소 하루에 2번이라고 해두자.	Let's just say at least twice a day.
☐ 네 칫솔 저 빨간색 맞지?	Your toothbrush is that red one, right?
☐ 아마 샘의 것일 거야.	That must be Sam's.
☐ 내 건 보라색이야.	Mine is the purple one.
☐ 그 애 것일 리가 없어.	That can't be his!

 정답 1 You must follow international law. 2 I live within an hour's drive from here. 3 We are told to do the right thing. 4 These postcards are so cute. Can I have one? 5 It can't be true.

시험공부 하러 가는 샘

샘이 무언가를 찾고 있네요. 내일 시험이 있어서 간만에 공부 좀 하려는 모양이에요.
성적에 들어가는 시험이라면 더 열심히 공부해서 봐야겠죠?

 Where is my backpack?

 무슨 일이죠? 샘이 뭘 찾나 본데요?
같이 찾아봐요.

Lina	Sam, what are you looking for?
Sam	Oh, I'm looking for my backpack for school.
Lina	Oh, are you gonna study?
Sam	Yeah. I have a pop quiz in history class tomorrow. I had better study.
Lina	Oh! I think I found your backpack.
Sam	Oh, thanks.
Lina	There you go.
Caelyn	What's covered in the exam?
Sam	My history teacher said the test is gonna be on chapters 1 through 5. And I wanna see my grades go up, so I'd better concentrate and study a lot today.
Caelyn	Good luck on your test!
Lina	Good luck!

look for ~을 찾다   **backpack** 백팩, 배낭   **pop quiz** 갑자기 보는 시험[퀴즈]   **had better** ~하는 게 낫다, ~해야 한다   **There you go.** 여기 있어.   **cover** 다루다, 포함시키다   **exam** 시험   **A through B** A에서 B까지   **grade** 성적, 학점   **go up** 올라가다   **concentrate** 집중하다

리나	샘, 뭐 찾아?
샘	학교 가방 찾고 있어.
리나	너 공부하게?
샘	응. 내일 역사 수업 쪽지 시험이 있어서 공부해야 해.
리나	오! 네 가방 찾은 거 같은데.
샘	고마워.
리나	여기.
케일린	시험 범위가 어떻게 돼요?
샘	역사 선생님께서 1과에서 5과까지라고 하셨어요.
	성적을 올리고 싶어서 오늘 집중해서 공부 많이 해야 해요.
케일린	시험 잘 봐요!
리나	잘 봐!

Grammar Point

회화를 튼튼하게 해주는 문법 원 포인트 레슨을 확인해보세요.

had better ~하는 게 낫다(충고), ~해야 한다(경고)

had better는 '~하는 편이 낫다'라는 뜻으로, 그렇게 안 하면 피해를 볼 수 있다는 의미가 담겨 있어요. You had better~는 '넌 ~하는 게 좋을 거야' 하고 상대방에게 충고나 경고를 하는 표현이에요. 이는 상대방 입장에서 불쾌하게 들릴 수도 있으니 상황을 봐가며 써야 합니다. 강한 어감을 완화하려면 앞에 I think(내 생각에)를 붙이면 좋습니다.

- **I had better study.**
- **I'd better concentrate and study a lot today.**

What are you looking for?

뭐 찾아?

---

look은 뭔가를 '바라보다'라는 뜻인데, 여기에 for가 붙으면 '~을 찾으려고 노력하다'라는 뜻이 됩니다. 잃어버린 물건을 찾을 때, 만나기로 한 사람을 이리저리 찾으러 다닐 때, 기업에서 원하는 인재를 찾을 때도 look for를 쓰면 됩니다.

I'm looking for my classroom.	강의실을 찾는 중이에요.
Are you looking for a job?	일자리를 찾는 중이니?
We are looking for volunteers.	자원봉사자들을 구하는 중이에요.

I think I found your backpack.

네 가방 찾은 거 같은데.

---

find도 look for처럼 '찾다'라는 뜻이지만, 둘은 쓰임에 차이가 있어요. look for는 찾는 '과정'에 초점이 맞춰진 데 반해, find는 찾으려 노력했던 걸 찾았다는 '결과'에 초점을 맞춘 거예요.

I've just found this website.	이 웹사이트를 방금 막 찾았어.
I can't find Daniel's phone number.	다니엘 전화번호를 못 찾겠네.
My friend found a 50,000 won bill on the ground.	
내 친구가 길에서 5만 원짜리 지폐를 발견했어.	

There you go.

여기 있어.

There you go.는 상대방이 요청했거나 받길 기대하고 있는 뭔가를 건네주면서 하는 말입니다. 예를 들어 손님이 주문한 물건이나 거스름돈을 주면서 '여기 있습니다.'라고 할 때 쓸 수 있는 표현이에요. 뭔가가 원하는 대로 잘되어 만족감을 표현하거나 칭찬할 때 '잘했다'는 의미로도 쓸 수 있습니다.

That will be 10 dollars. There you go.

(돈을 건네며) 10달러 맞을 겁니다. 여기 있습니다.

There you go! I knew you could make it.   잘했다! 네가 해낼 줄 알았어.

➕ There you go.는 '그럼 그렇지', '또 시작이다', '내가 그럴 거라고 했지?'처럼 부정적이고 냉소적인 의미로도 사용됩니다. There you go again.처럼 뒤에 again이 붙으면 거의 '또 시작이다'라는 뜻입니다.

There you go (again). You complain all the time.

또 시작이네. 넌 늘 불평만 하지.

What's covered in the exam?

시험 범위가 어떻게 돼요?

cover에는 '가리다, 덮다' 외에 '다루다, 포함시키다'라는 뜻이 있어요. 우리말로도 '그 파트는 내가 커버할게.'라고 쓰는 것처럼요. 위 예문을 직역하면 '시험에서 뭐가 다뤄지지?'라는 뜻입니다. 결국 시험 범위가 뭔지 묻는 말이에요.

The midterm covers chapter 5 through 7.

중간고사 범위는 5단원에서 7단원까지야.

This law covers all types of workers.

모든 종류의 근로자들이 이 법의 적용을 받는다.

My medical insurance covers COVID-19 testing.

내 의료보험은 코로나19 검사도 보장한다.

➕ cover에는 책의 '표지'라는 뜻도 있어요. 그래서 cover to cover는 '책의 맨 앞부터 맨 뒤까지', 즉 '처음부터 끝까지'라는 뜻이에요.

Good luck on your test!

시험 잘 봐요!

Gook luck! 하면 '행운을 빌어!'라는 뜻이에요. 뭐에 행운을 비는 건지 명확하게 나타내려면 뒤에 on을 붙여주면 됩니다.

Good luck on your job interview!   면접 잘 봐!
Good luck on your new challenge!   새로운 도전 잘하길 빌게!
Good luck on your next adventure!   다음 모험에 행운이 함께하길!

Drill 1

학습한 내용을 응용하여 영작해보세요.

1

_____

뭔가 특별한 걸 찾고 있어요.　　　　　보기 I'm, special, something, for, looking

2

_____

내가 뭘 찾아냈는지 봐.　　　　　보기 found, look, I've, what

3

_____

여기 있어요. 당신에게 필요한 책은 이거예요.

보기 you, need, there, book, you, the, this, go, is

4

_____

이 수업에서는 뭘 다루지?　　　　　보기 class, covered, what, this, is, in

5

_____

중간고사 잘 봐!　　　　　보기 on, midterm, good, your, luck

Drill 2

영어를 가리고 한국어를 보면서 바로 말할 수 있는지 체크해보세요.

☐ 뭐 찾아?	What are you looking for?
☐ 학교 가방 찾고 있어.	I'm looking for my backpack for school.
☐ 네 가방 찾은 거 같은데.	I think I found your backpack.
☐ 여기 있어.	There you go.
☐ 시험 범위가 어떻게 돼요?	What's covered in the exam?
☐ 오늘 집중해서 공부 많이 해야 해요.	I'd better concentrate and study a lot today.
☐ 시험 잘 봐요!	Good luck on your test!
☐ 다니엘 전화번호를 못 찾겠네.	I can't find Daniel's phone number.
☐ 새로운 도전 잘하길 빌게!	Good luck on your new challenge!
☐ 일자리를 찾는 중이니?	Are you looking for a job?

정답 **1** I'm looking for something special. **2** Look what I've found. **3** There you go. This is the book you need. **4** What is covered in this class? **5** Good luck on your midterm!

마이클과 샘의 정원 관리

영화나 드라마를 보면 미국인들이 잔디를 관리하는 모습을 종종 보게 되지요.
오늘은 존슨 부자가 가드닝을 하려나 봐요.
마이클과 함께 안전한 가드닝에 대해 알아볼까요?

 안녕하세요. 샘, 마이클.
두 분 왜 정원에 나와 있어요?

 아, 아빠가 나오라고 해서요.
아빠, 우리 오늘 뭐 하는 거예요?

Live Talk

Michael	We're going to mow the lawn today! Yay!
Sam	OK, Dad. But I would really rather trim the bushes.
Michael	I would rather have you mow the lawn since it's easier.
Sam	Fine. I'll mow the lawn, then.
Michael	Son. You'll need to wear protective goggles, gloves, earmuffs, and closed-toe footwear before you start to mow.
Sam	Do I really have to wear all those things?
Caelyn	Yes, Sam! You don't want to get hurt!
Michael	Exactly my point, Caelyn.
Sam	You're right. I would rather wear all those things than get hurt.
Michael	Alright! Let's get to work!
Sam	Okay.

mow (잔디를) 깎다   lawn 잔디   would rather (차라리) ~하겠다[하고 싶다]   trim 다듬다   bush 덤불   protective 보호하는   protective goggles 보안경   earmuffs 귀마개   closed-toe footwear 발가락을 덮는 신발   You don't want to 넌 ~ 안 하는 게 좋지, ~ 안 해야지   get hurt 다치다   get to work 일을 시작하다   exactly 정확히   point 의견, 주장

마이클	우리 오늘 잔디 깎을 거야! 예!
샘	알겠어요, 아빠. 그런데 저는 덤불 다듬을게요.
마이클	잔디 깎는 게 더 쉬워서 네가 그걸 하는 게 좋을 듯한데.
샘	알겠어요. 그럼 제가 잔디 깎을게요.
마이클	아들. 잔디 깎기 시작하기 전에 보안경, 장갑, 귀마개, 그리고 발가락 덮는 신발을 착용해야 해.
샘	그걸 꼭 다 해야 해요?
케일린	당연하죠, 샘! 다치면 안 되잖아요!
마이클	제 말이 그 말이에요, 케일린.
샘	맞아요. 다치느니 다 착용하는 게 낫죠.
마이클	좋아! 이제 일해보자!
샘	좋아요.

Grammar Point

회화를 튼튼하게 해주는 문법 원 포인트 레슨을 확인해보세요.

would rather (차라리) ~하겠다 (선택)

〈would rather A than B〉는 'B하느니 차라리 A하겠다', 'B보다는 A를 하는 편이 낫겠다'라는 뜻이에요. than 이하를 생략하고 would rather만 쓰기도 해요. I would rather 뒤에 동사 원형을 붙이면 '난 (차라리) ~하겠어', '난 ~하는 편이 낫겠어'라는 뜻이 됩니다. 사이먼 앤 가펑클의 히트곡 *El Condor Pasa*의 가사는 I'd rather be a sparrow than a snail이라고 시작합니다. '달팽이가 되느니 차라리 참새가 되겠다'는 뜻이지요.

- I would **really** rather **trim the bushes.**
- I would rather **have you mow the lawn.**
- I would rather **wear all those things** than **get hurt.**

I would rather have you mow the lawn.
네가 잔디를 깎는 게 좋을 듯한데.

I would rather는 '난 차라리 ~하겠어'라는 뜻이라고 했지요. 위 문장에서 have는 사역동사여서 have you mow는 '네가 잔디를 깎게 하다'라는 뜻이에요. 따라서 위 문장은 '난 차라리 네가 잔디를 깎게 하겠어', 즉 '네가 잔디를 깎는 게 낫겠어'라는 뜻이 됩니다. I would rather have you 뒤에 동사원형을 붙여서 '네가 ~하는 것이 좋겠어'라는 문장을 만들어보세요.

> **I would rather have you trim the bushes.**
> 난 네가 덤불을 다듬는 게 좋을 듯한데.
> **I would rather have you hate me.** 네가 차라리 나를 미워했으면 좋겠어.
> **I would rather have you laugh at me.** 네가 차라리 날 비웃었으면 좋겠어.

You'll need to wear protective goggles.
넌 보안경을 착용해야 해.

need to는 '~할 필요가 있다'는 의미이므로 '~해야 한다'라고 볼 수 있어요. 따라서 need to wear는 '~을 입어야[착용해야] 한다'는 뜻이 됩니다. goggles, gloves, earmuffs 등과 같이 쌍을 이루는 물건들은 한 짝만 콕 집어 말하는 게 아니라면 복수로 씁니다.

> **Do I need to wear a helmet?** 헬맷을 써야 하나요?
> **You need to wear a mask.** 마스크 써야 해.
> **I don't need to wear gloves.** 난 장갑 안 끼어도 돼.

Do I really have to wear all those things?
그걸 꼭 다 해야 해요?

Do I have to~?는 '제가 ~해야 하나요?'라고 묻는 표현입니다. Do I have to wear all those things?라고 하면 단순히 사실을 확인하는 건지, 입기 싫어서 따지는 건지 알 수 없습니다. 그런데 really를 넣어서 물으면 입는 것이 못마땅해서 따지는 느낌이 강해집니다.

Do I really have to **eat this?**	이거 진짜 먹어야 돼?
Do I really have to **tell you why?**	내가 너한테 이유를 꼭 이야기해야 돼?
Do I really have to **work so hard?**	제가 정말 그렇게 열심히 일해야 되나요?

You don't want to **get hurt!**
다치면 안 되잖아요!

You don't want to~를 '넌 ~하고 싶지 않아'로 해석하면 어색한 경우가 많습니다. 그보다는 '~ 하면 안 되지'라고 의미를 다듬어 주는 게 좋습니다. 여기서도 '넌 다치길 원하지 않아'라고 하면 굉장히 어색하죠? '다치면 안 되지' 정도로 이해하면 됩니다.

You don't want to **upset your mother.**	엄마를 속상하게 하면 안 되지.
You don't want to **eat there.**	거기서 식사 안 하는 게 좋아.
You don't want to **know.**	모르는 편이 나아.

I would rather **wear all those things** than **get hurt.**
다치느니 그걸 다 착용하는 게 낫죠.

앞서 설명한 대로 〈would rather A than B〉는 'B하기보다는 차라리 A하겠다'라는 뜻입니다. A와 B 자리에 동사원형을 넣어서 문장을 만들어보세요. 이때 선호하는 것, 선택하는 것을 A 자리에 넣으면 됩니다.

I would rather **sleep** than **eat.**	밥을 먹느니 차라리 잠을 자겠어요.
I would rather **stay home** than **go out.**	밖에 나가느니 집에 있는 게 낫죠.
I would rather **drink water** than **tea.**	차보다는 차라리 물을 마실게요.

Drill 1

학습한 내용을 응용하여 영작해보세요.

1

_____

네가 차라리 새로운 일자리를 찾았으면 좋겠어.

보기 rather, I, have, would, new, you, a, job, find

2

_____

거기서는 귀마개를 써야 할 거야.　　보기 wear, you'll, to, need, there, earmuffs

3

_____

내가 정말 이걸 다 설명해야 돼?　　보기 really, do, I, have, all, to, this, explain

4

_____

걔하곤 얽히지 않는 게 좋아.　　보기 to, you, want, with, don't, him, mess

5

_____

결혼하느니 차라리 혼자 살겠어요.　보기 than, I, stay, would, get, single, married, rather

Drill 2

영어를 가리고 한국어를 보면서 바로 말할 수 있는지 체크해보세요.

☐ 우리 오늘 잔디 깎을 거야!	We're going to mow the lawn today!
☐ 네가 잔디를 깎는 게 좋을 듯한데.	I would rather have you mow the lawn.
☐ 넌 보안경을 착용해야 해.	You'll need to wear protective goggles.
☐ 그걸 꼭 다 착용해야 해요?	Do I really have to wear all those things?
☐ 다치면 안 되잖아요!	You don't want to get hurt!
☐ 다치느니 그걸 다 착용하는 게 낫죠.	I would rather wear all those things than get hurt.
☐ 이제 일해보자!	Let's get to work!
☐ 밥을 먹느니 차라리 잠을 자겠어요.	I would rather sleep than eat.
☐ 난 장갑 안 끼어도 돼.	I don't need to wear gloves.

정답 **1** I would rather have you find a new job. **2** You'll need to wear earmuffs there. **3** Do I really have to explain all this? **4** You don't want to mess with him. **5** I would rather stay single than get married.

애나와 함께 하는 홈트

운동은 할 때는 힘들어도 하고 나면 상쾌하고 재미있죠!
리나와 애나가 홈트레이닝을 할 모양이에요.
무슨 운동을 어떻게 하는지 함께 볼까요?

오늘은 뭐 할 계획이에요?

 선생님, 잠시만요.
애나가 부르는 것 같아요.

Anna	Lina! Lina, you wanna work out with me?
Lina	Sure! I gotta exercise.
Anna	Okay. I've been watching these Zumba dance videos.
	Well... Are you ready, Lina?
Lina	Yup! Let's Zumba!
Anna	Why don't we start with a slightly easier routine?
Lina	I have to learn the basic moves, so that sounds great!
Anna	You gotta be conscious of the basic steps all the time. Let's start!

work out 운동하다 **exercise** 운동하다, 연습하다 **Zumba** 줌바 **video** 영상, 비디오 **start with** ~으로 시작하다 **slightly** 약간, 조금 **routine** 동작, 일과 **basic** 기본적인, 기초적인 **move** 동작, 움직임 **conscious of** ~을 염두에 두는, ~을 자각하고 있는 **step** 스텝, 걸음(걸이) **all the time** 항상

애나	리나! 리나, 나랑 운동할래?
리나	좋아요! 저 운동 좀 해야 해요.
애나	좋아. 요즘 보는 줌바 영상이 있거든.
	그럼… 준비됐니?
리나	네! 줌바 춰봐요!
애나	좀 더 쉬운 동작으로 시작하는 게 어떨까?
리나	전 기본 동작을 배워야 하니까, 그게 좋겠어요!
애나	항상 기본 스텝을 염두에 둬야 해. 그럼 시작하자!

Grammar Point

회화를 튼튼하게 해주는 문법 원 포인트 레슨을 확인해보세요.

have to ~해야 한다(의무)

have to는 '~해야 한다'라는 뜻으로 의무를 나타낼 때 씁니다. must보다는 약하고 should보다는 강한 의무를 나타냅니다.

• **I have to learn the basic moves.**

gotta ~해야 한다(의무)

구어체에서는 have to 대신 have got to를 쓰기도 합니다. 그런데 have got to에서 have를 생략하고 got to를 축약해 간단히 gotta로 말할 때가 많아요. have to = have got to = gotta인 셈이지요. 즉, gotta는 have to의 구어체 표현이라고 보면 됩니다.

• **I gotta exercise.**
• **You gotta be conscious of the basic steps all the time.**

I've been watching these Zumba dance videos. 요즘 보는 줌바댄스 영상이 있거든.

〈I've been＋동사-ing〉는 현재완료진행형으로 '예전부터 지금까지 줄곧 ~해오고 있다'는 뜻입니다. 과거에 시작한 일을 현재까지 계속 해오고 있고 지금도 하고 있다면 이렇게 표현해보세요.

I've been running every morning.	저는 매일 아침 달리기를 하고 있어요.
I've been waiting for you.	당신을 계속 기다려왔어요.

➕ I've been 다음에 동사-ing 대신 명사나 형용사를 넣어 표현할 수도 있어요.

I've been a lawyer since 2010.	난 2010년부터 변호사로 일해왔어요.

Why don't we start with a slightly easier routine? 좀 더 쉬운 동작으로 시작하는 게 어떨까?

Why don't we~?는 '우리 ~하는 게 어때?', '우리 ~해보자' 하고 제안할 때 쓰는 표현입니다. Let's~와 의미가 거의 같다고 보면 됩니다. routine은 반복되는 일의 순서와 방법을 뜻하는데 여기서처럼 반복되는 춤 동작(dance routine)을 뜻하기도 합니다.

Why don't we start with stretching?	스트레칭으로 시작하는 게 어때?
Why don't we take a break for a while?	우리 잠깐 쉬는 게 어때?
Why don't we go for a walk?	우리 산책할까?

Why don't we start with a slightly easier routine? 좀 더 쉬운 동작으로 시작하는 게 어떨까?

start with는 '~으로[부터] 시작하다'라는 뜻입니다. 뭐든 처음이 특히 힘든 법이죠. 그래서 start with 뒤에는 보통 기초적인 과정이나 난이도가 낮은 일 등이 나오는 경우가 많아요.

Let's start with easier topics. 쉬운 주제부터 시작해봅시다.
You should start with simple moves. 넌 간단한 동작부터 시작하는 게 좋겠어.
Let's start with the basic principles. 기본적인 원칙들부터 시작해봅시다.

I have to learn the basic moves.

전 기본 동작을 배워야 해요.

---

have to는 '~해야 한다'라는 의무를 나타낸다고 했지요. 부정형인 don't have to는 '~할 필요가 없다', '~ 안 해도 된다'라는 뜻이에요. have to 뒤에 동사원형을 넣어 다양한 문장을 만들어 보세요.

I have to finish my mission. 난 내 임무를 끝마쳐야 해.
You have to obey your parents. 너는 부모님께 순종해야 한다.
We don't have to get up early tomorrow. 우리 내일 일찍 안 일어나도 돼.

You gotta be conscious of the basic steps all the time. 항상 기본 스텝을 염두에 둬야 해.

---

conscious는 '의식하는, 자각하는'이라는 뜻입니다. 그래서 be conscious of는 '~을 자각하다[알고 있다]', '~에 대해 신경을 많이 쓴다[의식한다]'라는 뜻이 됩니다.

I'm very conscious of my problems.
난 내 문제들을 잘 알고 있어.

She is very conscious of her appearance.
그녀는 자신의 외모를 많이 의식한다.

You have to be more conscious of what you eat.
넌 네가 먹는 음식에 더 신경을 써야 해.

1

_____

난 스무 살 때부터 엔지니어로 일해왔다.

보기 since, I've, working, been, as, an, I, was, 20, engineer

2

_____

우리 커피 한잔할까?　　　　보기 a, we, cup, why, of, have, coffee, don't

3

_____

뭔가 더 쉬운 것부터 시작해보자.　　　보기 something, start, easier, with, let's

4

_____

여러분들은 적어도 외국어 하나는 마스터해야 합니다.

보기 have, you, foreign, master, to, least, language, one, at

5

_____

난 그녀의 존재를 의식하지 않았다.　　보기 I, of, not, her, was, presence, conscious

☐ 리나, 나랑 운동할래?	Lina, you wanna work out with me?
☐ 저 운동 좀 해야 해요.	I gotta exercise.
☐ 요즘 보는 줌바댄스 영상이 있거든.	I've been watching these Zumba dance videos.
☐ 좀 더 쉬운 동작으로 시작하는 게 어떨까?	Why don't we start with a slightly easier routine?
☐ 전 기본 동작을 배워야 해요.	I have to learn the basic moves.
☐ 항상 기본 스텝을 염두에 둬야 해.	You gotta be conscious of the basic steps all the time.
☐ 우리 내일 일찍 안 일어나도 돼.	We don't have to get up early tomorrow.
☐ 저는 매일 아침 달리기를 하고 있어요.	I've been running every morning.

 1 I've been working as an engineer since I was 20. **2** Why don't we have a cup of coffee? **3** Let's start with something easier. **4** You have to master at least one foreign language. **5** I was not conscious of her presence.

리나와 제시카의 재테크 토크

여러분은 주식을 주제로 대화해본 적 있나요? 관심은 가지만 다소 어려운 분야죠.
리나와 제시카의 주식에 관한 대화를 들어볼까요?

어? 뭐 보고 있어요?

 저 주식 계좌 보고 있어요, 선생님.

오, 주식 투자해요?
저만 안 하고 있나 봐요!

오늘의 대화문을 귀 기울여 들어보세요.

Jessica	How do you decide on which stocks to buy?
Lina	Well… I do a lot of research on the companies.
Jessica	Smart!
Lina	Also, I was able to get information on some blue-chip stocks. So I diversified my investment into about 5 different companies.
Jessica	That's a safe way to invest money.
Lina	Yeah, but the stock market double-dipped this year.
Jessica	I know. I bought the dip then, and luckily the ones I bought are slowly going up.
Lina	Good for you! Some of the stocks I have plunged. But I was able to keep myself together because I don't see it as a short-term investment.
Jessica	Yeah, you have to think of it as long-term.
Lina	I know I will not be able to make a fortune out of stocks, but I still think you need to invest.

decide on ~과 관련한 결정을 하다 **stock** 주식 **do research on** ~에 대해 조사[연구]하다
get information 정보를 얻다 **blue-chip stock** 성장성이 보장되는 고가 우량주 **diversify A
into B** A를 B로 다양화하다[분산시키다] **investment** 투자 **invest** 투자하다 **stock market**
주식 시장 **double-dip** 이중침체되다; 이중침체 **dip** 주가가 떨어진 주식 **plunge** 급락하다 **keep
together** (어려운 상황에서도) 침착함을 유지하다 **short-term** 단기의 **long-term** 장기의 **make a
fortune** 돈을 많이 벌다

제시카	넌 어떤 주식을 매수할지 어떻게 결정해?
리나	음… 회사에 관한 조사를 많이 해.
제시카	똑똑한데!
리나	그리고, 난 우량주 정보를 얻을 수 있었어.
	그래서 5개 정도의 회사에 분산 투자했어.
제시카	그게 안전하게 투자하는 방법이잖아.
리나	응, 근데 올해 주식 시장이 이중침체를 겪었잖아.
제시카	맞아. 난 하락장 때 샀는데, 다행히도 매수한 종목들이 슬슬 오르고 있어.
리나	잘됐다! 내 보유 종목 몇 개는 급락했어.
	그래도 단기투자로 보지 않기 때문에 마음을 다잡을 수 있었어.
제시카	맞아, 길게 봐야 해.
리나	주식으로 떼돈을 벌 순 없단 걸 알지만, 그래도 투자해야 한다고 생각해.

Grammar Point

회화를 튼튼하게 해주는 문법 원 포인트 레슨을 확인해보세요.

was able to ~할 수 있었다 (과거 능력)

be able to는 현재 '~할 수 있다'는 뜻이고, was/were able to는 과거에 '~할 수 있었다'는 뜻이에요. 이때 could를 쓸 수도 있지만 용도가 좀 다릅니다. could는 할 수 있는 능력이 있었지만 실제로 했는지는 불분명한 반면, was able to는 할 수 있는 능력이 있었고 실제로 그렇게 했다는 의미입니다. '난 그녀를 설득할 수 있었다(실제로 설득했다).'는 I was able to persuade her.라고 해야 어울립니다.

- **I was able to get information.**
- **I was able to keep myself together.**

will be able to ~할 수 있을 것이다 (미래 능력)

can(할 수 있다)의 미래형은 뭘까요? '~할 수 있을 것이다'라고 미래의 능력을 말할 때 will can이라고는 하지 않아요. will 뒤에 be able to를 붙여서 will be able to라고 표현합니다. 부정문은 will 다음에 not을 추가하면 됩니다.

- **I will not be able to make a fortune out of stocks.**

How do you decide on which stocks to buy? 넌 어떤 주식을 매수할지 어떻게 결정해?

decide는 '결정하다'라는 뜻인데, 뒤에 on이 붙으면 '~과 관련한 결정을 하다'라는 뜻입니다.

How do you decide on a venue? 장소와 관련한 결정을 어떻게 내려요?
What made you decide on the topic? 무엇 때문에 그 주제를 선택했나요?
You have to be careful when you decide on your major.
전공을 결정할 때는 신중해야 한다.

I do a lot of research on the companies.

회사에 관한 조사를 많이 해.

do research on은 '~에 관해 연구[조사]하다'라는 뜻입니다. '연구'라는 뜻의 research는 셀수 없는 명사여서 복수형이 없습니다. 따라서 '많은 연구를 한다'고 할 때 단수형을 써서 do a lot of research라고 합니다.

We are doing research on aliens.
우리는 외계인들에 대해 연구 중이다.
He was doing research on cancer then.
그는 당시에 암에 대해 연구하고 있었다.
I've been doing research on the Korean economy.
난 한국 경제에 대해 계속 연구하고 있어.

I was able to get information on some blue-chip stocks. 난 우량주 정보를 얻을 수 있었어.

〈be able to + 동사원형〉은 '~할 수 있다'라는 뜻입니다. 과거에 '~할 수 있었다'는 was/were able to를 사용합니다. '~할 수 없었다'는 과거 부정문은 was/were not able to가 되겠죠.

He was able to change her mind. 그는 그녀의 마음을 돌려놓을 수 있었어.
I was able to buy the stock. 나는 그 주식을 살 수 있었어.
We were not able to find the right person for the position.
우리는 그 포지션에 적합한 사람을 찾을 수가 없었어.

I was able to keep myself together.

난 마음을 다잡을 수 있었어.

keep oneself together는 '(어려운 상황에서도) 침착함을 유지하다'라는 뜻입니다. Keep it together!라는 표현도 같은 뜻으로 자주 쓰입니다.

Keep it together! (감정적으로 대하지 말고) 침착해!
It's hard to keep it together. 평정심 유지하기가 쉽지 않네.
I'm trying to keep it together. 냉정을 유지하려고 노력 중이야.

I will not be able to make a fortune out of stocks. 주식으로 떼돈을 벌 순 없을 거야.

'(미래에) ~할 수 있을 거야'라는 뜻으로 쓰는 will be able to의 부정형은 will not be able to 입니다. will not을 줄여서 won't를 사용해도 됩니다.

We will not be able to beat them in the final.
우리는 결승에서 그들을 못 이길 거야.
She won't be able to come here in time.
그녀는 여기에 시간 맞춰 못 올 거야.
I won't be able to see you this time.
이번에는 너를 못 볼 거야.

1

_____

우린 아직 아무것도 결정할 수 없다.　　　보기 anything, we, decide, yet, on, can't

2

_____

그는 기업가들에 대한 연구를 진행 중이다.　　보기 on, is, he, doing, entrepreneurs, research

3

_____

나는 결국 그 집을 살 수 있었다.　　　보기 was, to, I, buy, the, in, the, house, end, able

4

_____

너는 침착할 필요가 있어.　　　보기 yourself, need, you, to, together, keep

5

_____

난 오늘 밤에 숙제 못 끝낼 거야.　　보기 I, finish, won't, able, be, to, my, tonight, homework

Drill 2

영어를 가리고 한국어를 보면서 바로 말할 수 있는지 체크해보세요.

☐ 넌 어떤 주식을 매수할지 어떻게 결정해?	How do you decide on which stocks to buy?
☐ 회사에 관한 조사를 많이 해.	I do a lot of research on the companies.
☐ 난 우량주 정보를 얻을 수 있었어.	I was able to get information on some blue-chip stocks.
☐ 올해 주식 시장이 이중침체를 겪었잖아.	The stock market double-dipped this year.
☐ 내가 매수한 것들이 슬슬 오르고 있어.	The ones I bought are slowly going up.
☐ 난 단기투자로 보지 않아.	I don't see it as a short-term investment.
☐ 난 마음을 다잡을 수 있었어.	I was able to keep myself together.
☐ 길게 봐야 해.	You have to think of it as long-term.
☐ 주식으로 떼돈을 벌 순 없을 거야.	I will not be able to make a fortune out of stocks.

 정답 **1** We can't decide on anything yet. **2** He is doing research on entrepreneurs. **3** I was able to buy the house in the end. **4** You need to keep yourself together. **5** I won't be able to finish my homework tonight.

한적하게 동네 거닐기

몸이 찌뿌둥할 땐 오히려 몸을 움직이면 기분이 좋아지지 않나요?
동네 산책을 하는 리나를 따라가볼까요?

어제 종일 밖에 있었더니
오늘은 좀 뒹굴거리고 싶어요.

 창밖을 보니 날씨가 좋은 것 같은데
산책이라도 하는 건 어때요?

Lina	I actually need some fresh air.
Lina	I need to go to the park this way.
	I'm pretty sure it's this way.
	If not, I'll just explore the neighborhood.
Lina	Wow, this neighborhood is really nice.
	It's very quiet.
	Wait, what time is it?
Caelyn	Isn't it 4 there?
Lina	So, I need to get back home by 5.
	I still have a lot of time!
	Oh, I see the park now!

fresh air 신선한 공기 **need to** ~해야 한다 **this way** 이쪽으로 **I'm pretty sure** ~라고 꽤 확신하다, ~인 게 정말 확실하다 **if not** 만약 아니라면 **explore** 탐험하다, 둘러보다 **neighborhood** 동네 **get back home** 집에 돌아가다 **by** (시간) ~까지

리나	사실 신선한 공기가 필요하긴 해요.
리나	공원으로 가려면 이쪽으로 가야지.
	이쪽이 맞는 것 같아.
	아니면 동네 탐방하는 거지, 뭐.
리나	와, 이 동네 정말 좋네요. 엄청 조용해요.
	잠깐, 지금 몇 시죠?
케일린	거기 4시 아니에요?
리나	5시까지 들어가야 하니까, 아직 시간이 꽤 남았네!
	오, 공원이 보여요!

Grammar Point

회화를 튼튼하게 해주는 문법 원 포인트 레슨을 확인해보세요.

need to ~해야 한다 (필요)

need는 '~을 필요로 하다'라는 뜻인데, '~할 필요가 있다'고 할 때는 need to 뒤에 동사원형을 붙여서 말합니다. '~할 필요가 있다'는 것은 '~해야 한다'는 의미라고 볼 수 있어요. 따라서 '나 이 책 사야 해.'를 I need to buy this book.이라고 할 수 있어요.

- **I need to go to the park this way.**
- **I need to get back home by 5.**

If not, I'll just explore the neighborhood.

아니면 동네 탐방하는 거지, 뭐.

if not은 '만약 아니라면', '아니면'이라는 뜻이에요. If not, I'll~은 '아니면 난 ~할 거야'라는 의미로 자주 쓰이는 구문입니다. explore는 '탐험하다' 또는 '둘러보다'라는 뜻이에요.

If not, I'll just stay home.	아니면 그냥 집에 있지, 뭐.
If not, I'll see a movie instead.	아니면 대신 영화나 한 편 볼 거야.
If not, I'll need to buy a new car.	아니면 난 새 차를 사야 할 거야.

It's very quiet.

엄청 조용해요.

very는 '매우, 아주, 정말'이라는 뜻의 부사입니다. 형용사의 의미를 더 강조하기 위해 쓰는 단어입니다. very 대신 so(아주, 정말)를 써도 됩니다.

It's very clean.	정말 깨끗하네요.
It's very comfortable.	정말 편해요.
It's very cozy.	엄청 아늑하다.

Isn't it 4 there?

거기 4시 아니에요?

be동사 문장을 의문문으로 바꿀 때는 주어와 be동사의 위치를 바꾼다고 했죠? '거기 지금 4시 야.'는 It is 4 there.이므로 '거기 4시야?'라고 물으려면 Is it 4 there?라고 하면 됩니다. '거기 4시 아니야?'라고 물으려면 Is 대신 Isn't을 써서 Isn't it 4 there?라고 하면 됩니다.

Isn't it yours?	그거 네 거 아니야?
Isn't it too cold here?	여기 너무 춥지 않아?
Isn't it 9 yet?	아직 9시 안 됐어?

I need to get back home by 5.

난 5시까지 집에 들어가야 해.

〈need to + 동사원형〉은 '~할 필요가 있다', '~해야 한다'라는 뜻이에요. need to 뒤에 다양한
동사원형을 붙여서 해야 하는 일을 말해보세요.

I need to go to the library.	나 도서관에 가야 해.
You need to see a doctor right away.	넌 당장 진료를 받아야 해.
We need to do something to help him.	우리는 그를 돕기 위해 뭔가 해야 해.
➕ need to의 부정은 don't need to(~할 필요가 없다)입니다.	
I don't need to see him today.	오늘은 그를 만날 필요가 없어.

I still have a lot of time!

아직 시간이 꽤 남았네!

I have a lot of time.은 '난 시간이 많아.'라는 뜻이에요. 이처럼 나한테 시간이 얼마나 있는지
말할 때는 I have~를 이용해서 말하면 됩니다. 여기에 '아직도, 여전히'라는 뜻의 still을 넣으
면 '난 아직 시간이 ~ 남았어'라는 뜻이 됩니다.

I still have one hour.	아직 한 시간 남았어요.
I still have some time to decide.	아직 결정할 시간이 좀 남았어요.
I still have more time to sleep.	아직 잘 수 있는 시간이 더 남았어.

Drill 1

학습한 내용을 응용하여 영작해보세요.

1

_____

아니면 난 그냥 너랑 거기 갈래.　　　　　**보기** not, go, I'll, there, just, you, if, with

2

_____

그거 엄청 무서워!　　　　　　　　　　　　　　　**보기** scary, very, it's

3

_____

그거 새로운 거 아냐?　　　　　　　　　　　　**보기** a, it, one, new, isn't

4

_____

우리 이야기 좀 해야 할 것 같아.　　　　　　　**보기** need, I, to, we, talk, think

5

_____

난 아직 준비할 시간 충분해.　　　　　**보기** time, I, still, to, have, prepare, enough

Drill 2

영어를 가리고 한국어를 보면서 바로 말할 수 있는지 체크해보세요.

☐ 사실 신선한 공기가 필요하긴 해요.	I actually need some fresh air.
☐ 공원으로 가려면 이쪽으로 가야지.	I need to go to the park this way.
☐ 분명히 이쪽이 맞는 것 같아.	I'm pretty sure it's this way.
☐ 아니면 동네 탐방하는 거지, 뭐.	If not, I'll just explore the neighborhood.
☐ 엄청 조용해요.	It's very quiet.
☐ 거기 4시 아니에요?	Isn't it 4 there?
☐ 난 5시까지 집에 들어가야 해.	I need to get back home by 5.
☐ 아직 시간이 꽤 남았네!	I still have a lot of time!
☐ 아니면 그냥 집에 있지, 뭐.	If not, I'll just stay home.
☐ 아직 결정할 시간이 좀 남았어요.	I still have some time to decide.

정답 **1** If not, I'll just go there with you. **2** It's very scary! **3** Isn't it a new one? **4** I think we need to talk. **5** I still have enough time to prepare.

존슨 남매의 방 청소

티격태격하면서도 은근히 챙겨주는 게 현실 남매의 모습이죠.
제시카와 샘도 그런 것 같네요.
제시카의 브이로그로 시작한 오늘의 대화를 함께 볼까요?

17:05 / 25:00

🇺🇸 **Jessica**

안녕하세요, 여러분!
오늘은 집콕하려고 해요. 샘도 오늘은 집에 있어요.
방 문을 꼭 닫고 뭘 하는지 조용하네요.
샘이 뭐 하는지 들어가볼까요?

Live Talk

Jessica	Sam, what are you up to?
Sam	God! Get out of my room!
Jessica	No, I won't.
	Are you really cleaning up your room?
	Wow, who would've dreamed?
Sam	Yeah, I used to clean my room every weekend. Now, I just live with it as it is. But I think it's finally time to clean my room.
Jessica	Well, why don't you start with vacuuming?
Sam	Okay. Oh, would you stop filming me and just help me?
Jessica	OK, then. Do you want me to arrange the books?
Sam	Oh, I didn't think you'd actually help me. Yeah. Thank you.
Jessica	Let's get started.

---

get out of ~에서 나가다　**clean up** 치우다, 청소하다　**dream** 꿈을 꾸다; 꿈　**used to** ~하곤 했다
live with ~을 감수하다, 수용하다(=accept)　**as it is** 있는 그대로　**vacuum** 진공청소기를 돌리다; 진공청소기　**film** 촬영하다, 찍다; 영화　**arrange** 정리하다, 배열하다　**get started** 시작하다

제시카	샘, 뭐 하니?
샘	아, 좀! 내 방에서 나가!
제시카	싫은데, 안 나갈 건데. 너 설마 방 청소하는 거야?
	와, 누가 꿈이나 꿨겠냐?
샘	나도 주말마다 청소했었다고. 지금은 뭐 이렇게 살고 있지만.
	근데 이제 치워야 할 때가 된 거 같아.
제시카	그럼 청소기부터 돌리지 그래?
샘	알았거든. 나 그만 찍고 좀 도와주지 그래?
제시카	그러지, 뭐. 책 정리해줄까?
샘	오, 진짜로 도와줄 줄 몰랐는데. 고마워.
제시카	시작하자.

Grammar Point

회화를 튼튼하게 해주는 문법 원 포인트 레슨을 확인해보세요.

used to ~하곤 했다 (과거 습관)

〈used to + 동사원형〉은 '(지금은 아니지만 과거에) ~하곤 했다'는 의미로 사용됩니다. '(과거에는) 주말마다 방 청소를 하곤 했다', '(전에는) 아침마다 조깅을 했었다'처럼 과거에 습관적으로 했던 일을 말할 때 used to를 사용하면 됩니다. be동사와 함께 써서 used to be라고 하면 '(예전에는) ~했었다[였다]'라는 뜻으로 과거의 상태를 말합니다.

- **I used to clean my room every weekend.**

Wow, who would've dreamed?

와, 누가 꿈이나 꿨겠냐?

〈Who would've p.p.(과거분사)?〉는 '누가 ~나 했겠어?'라고 의문을 표시할 때 쓰는 구문입니다. would've는 would have의 줄임말로 의문사 who 뒤에 would have p.p.가 붙은 형태라고 보면 됩니다. 기대하거나 예상하지 않았던 일이 있어났을 때 자주 사용됩니다.

Who would've thought?	누가 생각이나 했겠어?
Who would've known?	누가 알기나 했을까?
Who would've expected?	누가 예상이나 했을까?

Now, I just live with it as it is.

지금은 뭐 이렇게 살고 있지만.

---

live with는 '~와 함께 살다'라는 뜻인데 '~을 감수하다, 수용하다'라는 뜻도 있어요. as it is는 '있는 그대로'라는 뜻입니다.

Like it or not, we have to live with it.	좋건 싫건 우린 그걸 받아들여야 한다.
We have to learn to live with it.	그것과 함께 사는 법을 배워야 해.
Well, I have to live with it.	뭐, 내가 감수해야지.

I think it's finally time to clean my room.

이제 치워야 할 때가 된 거 같아.

It's time to~는 '이제 ~할 때야', '~할 때가 됐어'라는 뜻이에요. 거기에 finally(마침내, 드디어)를 붙여 It's finally time to~라고 하면 '드디어[마침내] ~할 때가 됐다'는 뜻이 됩니다.

It's finally time to say goodbye.	마침내 작별을 고할 때가 됐다.
It's finally time to wash my car.	드디어 세차할 때가 됐어요.
It's finally time to buy stocks.	마침내 주식을 살 때가 왔다.

Would you stop filming me?

나 좀 그만 찍지 그래?

〈stop+동사-ing〉는 '~을 그만하다'라는 뜻입니다. Would/Could you~?는 원래 공손하고 정중하게 부탁하거나 허락을 구할 때 쓰는 표현이지요. 그런데 상대방을 비꼬거나 비아냥거리며 쓰는 경우도 있습니다. 여기서도 그런 느낌이에요.

Would you stop doing that?	그거 좀 그만할래?
Would you stop bothering me?	나 좀 그만 귀찮게 하면 안 될까?
Would you stop acting like a baby?	아기처럼 구는 거 그만 좀 하면 안 될까?

Do you want me to arrange the books?

내가 책 정리해줄까?

Do you want me to~?를 직역하면 '내가 ~하기를 원해?'라는 뜻이에요. 이는 '내가 ~해줬으면 좋겠어?', '내가 ~해줄까?'라고 의역할 수 있어요. 내가 어떤 행동을 하는 것을 상대가 원하는지 확인하는 질문이지요. arrange books는 '책을 정리하다'라는 표현이에요.

Do you want me to help?	내가 도와줄까?
Do you want me to go with you?	내가 같이 가줄까?
Do you want me to do something for him?	
내가 그를 위해 뭔가 해줬으면 좋겠어?	

Drill 1

학습한 내용을 응용하여 영작해보세요.

1
_____

누가 상상이나 했겠어? 보기 imagined, who, would've

2
_____

그걸 받아들이는 법을 배우는 중이야. 보기 learning, I'm, to, with, it, live

3
_____

드디어 그녀에게 데이트 신청할 때가 됐어. 보기 time, finally, to, her, ask, out, it's

4
_____

그 음악 좀 그만 틀어줄래? 보기 that, you, playing, music, stop, would

5
_____

내가 너 집에 데려다줄까? 보기 want, do, you, to, you, me, home, take

Drill 2

영어를 가리고 한국어를 보면서 바로 말할 수 있는지 체크해보세요. 23 02

☐ 뭐 하니?	What are you up to?
☐ 내 방에서 나가!	Get out of my room!
☐ 와, 누가 꿈이나 꿨겠냐?	Wow, who would've dreamed?
☐ 나도 주말마다 내 방을 청소했었다고.	I used to clean my room every weekend.
☐ 지금은 뭐 이렇게 살고 있지만.	Now, I just live with it as it is.
☐ 이제 방을 치워야 할 때가 된 거 같아.	I think it's finally time to clean my room.
☐ 청소기부터 돌리지 그래?	Why don't you start with vacuuming?
☐ 나 좀 그만 찍지 그래?	Would you stop filming me?
☐ 내가 책 정리해줄까?	Do you want me to arrange the books?
☐ 진짜로 도와줄 줄 몰랐는데.	I didn't think you'd actually help me.

 1 Who would've imagined? **2** I'm learning to live with it. **3** It's finally time to ask her out. **4** Would you stop playing that music? **5** Do you want me to take you home?

콘비프 샌드위치 만들기

지난번 리나의 한식 요리에 이어 오늘은 마이클이 미국 요리를 해주신대요.
요리 준비 중인 마이클과 리나가 어떤 이야기를 나누는지 함께 볼까요?

오늘 마이클이 미국 요리를 해주신대요.

 어떤 요리일지 너무 궁금해요.

저도요. 저는 옆에서 좀 도와드리려고요.

Lina	Michael! I'm supposed to help you cook dinner today. What are we gonna make?
Michael	I thought it was supposed to be Sam. Never mind. Oh! I'm going to make… corned… beef…
Lina	beef…
Michael	sandwiches!
Lina	Wow! What's that?
Michael	It's a sandwich made with corned beef, tomatoes, onions, lettuce, and other seasonings on a bun. Would you please get me a tomato from the fridge?
Lina	Sure.
Michael	We're going to slice the tomato first.
Lina	Okay. Do you want any other ingredients?
Michael	Could you get me an onion?
Lina	Sure. Here they are.
Michael	Great. Can you slice these for me? I'm going to get the buns.
Lina	Okay! How thin do you want it?
Michael	You're supposed to slice it as thin as possible.
Lina	OK! I'll try my best.
Lina	Ta-da! Let me try it. So yummy!

---

be supposed to ~하기로 되어 있다, ~해야 한다   **Never mind.** 괜찮아[신경 쓰지 마].   **corned** 소금에 절인, 염장한   **beef** 소고기   **made with** ~으로 만들어진   **lettuce** 상추, 양상추   **seasoning** 조미료   **bun** (햄버거용 등의) 둥근 빵   **slice** 얇게 썰다   **ingredient** 재료   **as thin as possible** 최대한 얇게

리나	마이클! 제가 저녁 식사 준비를 도와드리는 날이에요. 뭐 만들까요?
마이클	샘이 돕는 날인 줄 알았는데. 아니다.
	아! 그거 만들어야겠다… 콘… 비프…
리나	비프…
마이클	샌드위치!
리나	와! 그게 뭔데요?
마이클	빵에 염장한 소고기, 토마토, 양파, 상추랑 같은 조미료를 넣은 샌드위치야. 냉장고에서 토마토 좀 꺼내와주겠니?
리나	네.
마이클	토마토부터 잘라보자.
리나	네. 다른 재료도 필요하세요?
마이클	양파 하나만 갖다주겠니?
리나	물론이죠. 여기 있어요.
마이클	고마워. 이것들 좀 썰어주겠니? 난 빵을 가져오마.
리나	네! 얼마나 얇게 썰까요?
마이클	가능한 한 얇게 썰어야 해.
리나	네! 최선을 다해볼게요.
리나	짜잔! 먹어볼게요. 진짜 맛있네요!

Grammar Point

회화를 튼튼하게 해주는 문법 원 포인트 레슨을 확인해보세요.

be supposed to ~하기로 되어 있다 (의무)

be supposed to는 글자 그대로 해석하면 '~하기로 되어 있다'는 의미예요. 이를 의역하면 '~해야 한다'라고 할 수 있어요. 따라서 I'm supposed to~는 '나는 ~하기로 되어 있다', '나는 ~해야 한다'라는 뜻입니다. to 뒤에 동사원형을 붙여서 활용해보세요.

- I'm supposed to **help you cook dinner.**
- **I thought it** was supposed to **be Sam.**
- **You**'re supposed to **slice it as thin as possible.**

It's a sandwich made with corned beef.
염장한 소고기로 만든 샌드위치야.

made with는 음식이나 음료 등이 어떤 재료로 만들어졌는지 설명할 때 쓰기 좋은 표현입니다. made with~는 '~으로 만들어진'이고, be made with는 '~으로 만들어지다'라는 뜻이에요.

> **Our cheesecake is made with cream cheese.**
> 우리 치즈케이크는 크림치즈로 만든다.
> **Sushi is made with rice, raw fish, and vinegar.**
> 초밥은 밥과 날 생선, 식초로 만든다.
>
> ➕ 음식 외에 물건이 어떤 재료로 만들어졌는지 설명할 때는 made of나 made from을 씁니다. 재료의 속성이 그대로 살아 있을 때는 made of, 재료의 특성이 변했을 때는 made from을 씁니다.
> **Her necklace is made of silver.**　　　그녀의 목걸이는 은으로 만들어졌다.
> **Plastic is made from oil.**　　　플라스틱은 기름으로 만든다.

Would you please get me a tomato?
토마토 좀 갖다주겠니?

get에는 '얻다, 구하다'라는 뜻 외에 '갖다주다, 가져오다'라는 뜻도 있습니다. 그럴 때는 〈get+사람+사물〉의 순서로 옵니다. 따라서 get me a tomato는 '나에게 토마토를 갖다주다'라는 뜻이에요.

> **Can I get you something to drink?**　　　마실 것 좀 가져다줄까?
> **Would you please get me water?**　　　물 좀 갖다주시겠어요?
> **Let me get you a book to read.**　　　내가 읽을 책 좀 갖다줄게.

How thin do you want it?
얼마나 얇게 썰까요?

how 다음에 형용사나 부사가 오고 do you want가 오면 '얼마나 ~하게 원해요?'라는 뜻이 됩니다. how big(얼마나 크게), how fast(얼마나 빨리)와 같이 응용해보세요.

How **thick** do you want it?	얼마나 두껍게 썰까요?
How **big** do you want it?	얼마나 크게 만들어 드릴까요?
How **soft** do you want it?	얼마나 부드럽게 만들어 드릴까요?

You're supposed to slice it as thin as possible.

가능한 한 얇게 썰어야 해.

---

be supposed to는 '~하기로 되어 있다', '~해야 한다'라는 뜻이라고 했죠? be supposed to를 사용한 문장을 좀 더 연습해 봐요.

You are supposed to buy a ticket first.	표를 먼저 사야 해.
I'm not supposed to see you here.	나 여기서 널 보면 안 되는 건데.
Peter is supposed to visit his parents this weekend.	
피터는 이번 주말에 부모님을 찾아 뵙기로 했다.	

You're supposed to slice it as thin as possible.

가능한 한 얇게 썰어야 해.

---

as ~ as possible은 '가능한 한 ~하게', '최대한 ~하게'라는 의미예요. as와 as 사이에는 형용사나 부사를 넣습니다. as thick as possible(가능한 한 두껍게), as much as possible(가능한 한 많이)과 같이 다양한 형용사·부사를 넣어 활용해보세요.

Try to walk as often as possible.	가급적 자주 걷도록 해.
Drink water as much as possible.	가능한 한 물을 많이 마셔.
You should talk as little as possible.	넌 말을 가급적 적게 해야 해.

1
_____

이것은 소고기와 채소로 만든다. [보기] made, this, with, and, is, vegetables, beef

2
_____

네가 원하면 음식을 좀 갖다줄 수 있어. [보기] I, if, can, you, get, you, want, food, some

3
_____

얼마나 뜨겁게 해드릴까요? [보기] you, hot, do, want, it, how

4
_____

우리는 곧 회의를 하기로 되어 있어. [보기] have, we, meeting, are, to, a, soon, supposed

5
_____

가능한 한 안전하게 운전해라. [보기] safely, as, possible, drive, as

Drill 2 영어를 가리고 한국어를 보면서 바로 말할 수 있는지 체크해보세요.

☐	오늘은 제가 저녁 식사 준비를 도와드리는 날이에요.	I'm supposed to help you cook dinner today.
☐	염장한 소고기로 만든 샌드위치야.	It's a sandwich made with corned beef.
☐	토마토 좀 갖다주겠니?	Would you please get me a tomato?
☐	다른 재료도 필요하세요?	Do you want any other ingredients?
☐	양파 하나만 갖다주겠니?	Could you get me an onion?
☐	이것들 좀 썰어주겠니?	Can you slice these for me?
☐	난 빵을 가져오마.	I'm going to get the buns.
☐	얼마나 얇게 썰까요?	How thin do you want it?
☐	가능한 한 얇게 썰어야 해.	You're supposed to slice it as thin as possible.

[정답] **1** This is made with beef and vegetables. **2** I can get you some food if you want. **3** How hot do you want it? **4** We are supposed to have a meeting soon. **5** Drive as safely as possible.

온 가족과 함께 하는 저녁 식사

가족이 모여서 도란도란 저녁 식사를 하는 모습은 보기만 해도 행복해지죠.
존슨 가족과 리나의 즐거운 저녁 식탁에서는 어떤 대화가 오갈까요?

선생님! 마이클이랑 만든 저녁이에요.

 와우, 진짜 제대로인데요? 😀
저도 끼고 싶어요.

Live Talk

오늘의 대화문을 귀 기울여 들어보세요.

Anna	Oh wow! This looks amazing.
Sam	Thanks, Dad and Lina, for preparing dinner.
Michael	No problem. Hope you enjoy it.
Lina	It was so much fun. I couldn't have enjoyed it more.
Michael	Lina was the best help. So, what did you guys do today?
Jessica	Well, I met up with Sarah for lunch.
Anna	Oh, how is she doing?
Jessica	She's great! She could've joined us for dinner, but had a family emergency.
Anna	How does it taste, Lina?
Lina	Everything is so good. Thank you.

amazing 놀라운, 굉장한   **prepare** 준비하다   **enjoy** 즐기다, (음식을) 맛있게 먹다   **help** 도움; 돕다
you guys 너희들   **meet up with** ~와 (약속을 잡고) 만나다   **join for** ~을 위해 함께하다   **family emergency** 급한 집안일   **taste** 맛이 ~하다, 맛보다

애나	우와! 맛있어 보이는구나.
샘	아빠랑 리나, 저녁 준비해줘서 고마워요.
마이클	고맙기는. 맛있게 먹으면 좋겠구나.
리나	정말 재미있었어요. 그보다 더 즐거울 순 없었어요.
마이클	리나가 정말 잘 도와줬지.
	오늘 다들 어떻게 보냈니?
제시카	전 세라랑 만나서 점심 먹었어요.
애나	오, 세라는 잘 지내니?
제시카	네! 저녁 식사에 낄 수도 있었는데, 급한 가족 일이 생겼어요.
애나	맛이 어떻니, 리나?
리나	다 정말 맛있어요. 감사합니다.

Grammar Point

회화를 튼튼하게 해주는 문법 원 포인트 레슨을 확인해보세요.

could have p.p. ~할 수도 있었어

〈could have p.p.〉는 '~할 수도 있었는데'라는 뜻이에요. 과거에 뭔가를 하지 못해 아쉬울 때, 어떤 일이 일어나지 않아 안도할 때 사용하는 표현입니다. could have를 줄여서 could've라고 말할 때가 많아요.

• **She could've joined us for dinner.**

couldn't have p.p. ~하지 못할 수도 있었어

〈could have p.p.〉에 not을 넣어 〈couldn't have p.p.〉라고 하면 '~하지 못할 수도 있었는데'라는 뜻이 됩니다. 과거에 뭔가를 다행히 했다며 안도할 때 많이 쓰입니다. 그런데 이 뒤에 more가 붙으면 '더 이상 ~할 수 없었을 거야', 즉 '최고로 ~했어'라는 강조의 표현이 됩니다.

• **I couldn't have enjoyed it more.**

Thanks, Dad and Lina, for preparing dinner. 아빠랑 리나, 저녁 준비해줘서 고마워요.

〈Thanks A for+동사-ing〉는 'A에게 ~에 대해 고마워하다'라는 뜻입니다. 무엇에 대해 고마 운지는 전치사 for 뒤에 쓰는데 이때 동명사(동사-ing) 형태로 와야 한다는 것 잊지 마세요.

Thanks, Caelyn, for helping me.	케일린, 저를 도와줘서 고마워요.
Thanks to all of you for coming.	모두들 와줘서 고마워.

☒ Thanks A for 뒤에 동명사 대신 명사가 올 수도 있어요.

Thanks, everyone, for the birthday wishes!	모두들 생일 축하해줘서 고마워!

Hope you enjoy it.
맛있게 먹으면 좋겠구나.

Hope you enjoy it.은 원래 I hope you enjoy it.인데 주어 I가 생략된 형태예요. 일상 대화 에서는 이렇게 주어를 생략하고 쓰는 경우가 많습니다. Hope you~는 '네가 ~하기를 바라', 즉 '네가 ~했으면 좋겠어'라는 뜻이에요. 이때 you 뒤에 오는 동사는 원형을 써야 해요.

Hope you like my dad.	네가 우리 아빠를 좋아했으면 좋겠어.
Hope you enjoy your trip.	즐거운 여행 되길 바랄게.
Hope you listen to this message.	네가 이 (음성) 메시지를 들었으면 좋겠어.

I couldn't have enjoyed it more.
그보다 더 즐거울 순 없었어요.

〈could have p.p.〉는 '~할 수도 있었어(결국은 못했어[안 했어])'라는 뜻입니다. 반대로 〈couldn't have p.p.〉는 '~하지 못할 수도 있었어(하지만 해서 다행이야)'라는 뜻이 됩니다. 여기에 more를 붙여 〈couldn't have p.p. more〉라고 하면 '더 ~할 수 없었어', 즉 '최고로 ~ 했어'라는 강조의 의미가 됩니다.

I couldn't have liked him more.
난 그를 더 이상 좋아할 수 없었어(최고로 좋아했어).

It couldn't have been more perfect.
더 이상 완벽할 수 없었어(최고로 완벽했어).

He couldn't have agreed with her more.
그는 그녀에게 더 동의할 수 없었어(전적으로 동의했어).

I met up with Sarah for lunch.

전 세라랑 만나서 점심 먹었어요.

meet이 단순히 '만나다'라면 meet up은 '(시간과 장소 등의 약속을 잡고) 만나다'라는 의미가 됩니다. 누구와 만나는지도 표현하려면 with를 더해 meet up with를 쓰면 됩니다.

I met up with Jenny.	제니랑 만났어요.
We will meet up with him later.	우린 그와 나중에 만날 거야.
I met up with a few friends after work.	일 끝나고 친구 몇 명과 만났다.

How is she doing?

그 애는 잘 지내니?

How is she doing?을 '그녀는 어떻게 하고 있어?'라고 이해하면 곤란합니다. How is/are ~ doing?은 '~는 어떻게 지내?', '~는 잘 지내?' 하며 안부를 묻는 표현입니다.

How are you doing?	너 어떻게 지내니?
How's he doing?	걔 잘 지내?
How are your parents doing?	너희 부모님 잘 계시니?

Drill 1

학습한 내용을 응용하여 영작해보세요.

1

_____

마이클, 날 지지해줘서 고마워.　　　　　　**보기** Michael, for, thanks, me, supporting

2

_____

휴가 잘 보내길 바랄게.　　　　　　　　**보기** holiday, you, hope, enjoy, your

3

_____

그녀는 남편이 더 이상 자랑스러울 수 없었다(최고로 자랑스러웠다).

보기 her, more, she, proud, have, been, of, husband, couldn't

4

_____

저는 리나랑 만났어요.　　　　　　　　　　**보기** I, up, with, Lina, met

5

_____

미셸은 어떻게 지내니?　　　　　　　　　　**보기** Michelle, doing, how's

Drill 2

영어를 가리고 한국어를 보면서 바로 말할 수 있는지 체크해보세요. 🔊 25 02

☐ 아빠랑 리나, 저녁 준비해줘서 고마워요.	Thanks, Dad and Lina, for preparing dinner.
☐ 고맙기는. 맛있게 먹으면 좋겠구나.	No problem. Hope you enjoy it.
☐ 그보다 더 즐거울 순 없었어요.	I couldn't have enjoyed it more.
☐ 전 세라랑 만나서 점심 먹었어요.	I met up with Sarah for lunch.
☐ 그 애는 잘 지내니?	How is she doing?
☐ 그 애가 저녁 식사에 낄 수도 있었는데.	She could've joined us for dinner.
☐ 다 정말 맛있어요.	Everything is so good.
☐ 케일린, 저를 도와줘서 고마워요.	Thanks, Caelyn, for helping me.
☐ 더 이상 완벽할 수 없었어(최고로 완벽했어).	It couldn't have been more perfect.
☐ 즐거운 여행 되길 바랄게.	Hope you enjoy your trip.

 정답 1 Thanks, Michael, for supporting me. 2 Hope you enjoy your holiday. 3 She couldn't have been more proud of her husband. 4 I met up with Lina. 5 How's Michelle doing?

티격태격 채널권 싸움

제시카가 뭔가 재미있는 TV 프로그램을 시청 중인가 봐요.
아하, 제시카가 좋아하는 프로그램이군요. 함께 볼까요?

제시카, 뭐 하고 있어요?

 좋아하는 TV 프로그램 보고 있어요.

뭐 보고 있어요?
재미있어 보이는데…

Live Talk

Jessica	Hey! What are you doing?
Sam	You already watched this show, and it's time for my favorite TV show. I have to watch it!
Jessica	But I was here first! It would've been cool if you had asked me first! You can't just come and suddenly change the channel on me!
Sam	Well… it would've been nice if you hadn't yelled at me.
Jessica	But you changed the channel without asking me first!
Caelyn	Guys! Stop fighting! Sam! Jessica was here first, so why don't you ask nicely?
Sam	Fine. May I watch my favorite TV show, please?
Caelyn	Jessica?
Jessica	OK. But it would've been nice if you had asked me like that in the first place.
Sam	I will next time.

It's time for~ ~할 시간이다 **cool** 멋진, 근사한 **You can't just** 그냥 ~하면 안 된다 **suddenly** 갑자기 **change the channel on** ~가 보고 있는 채널을 돌리다 **yell at** ~에게 소리 지르다 **without -ing** ~ 하지 않고 **Why don't you ~?** ~하는 게 어때? **nicely** 정중하게, 친절하게 **in the first place** 애초 에, 처음부터

제시카	야! 뭐 하는 거야?
샘	누나 이거 이미 봤잖아. 내가 좋아하는 거 할 시간이란 말이야. 봐야 해!
제시카	내가 먼저 와 있었잖아! 먼저 물어봤으면 좋았잖아!
	와서 갑자기 채널을 돌리는 건 아니지!
샘	음… 나한테 소리 지르지 않았다면 좋았을 텐데.
제시카	네가 먼저 묻지도 않고 채널을 돌렸잖아!
케일린	여러분! 그만 싸워요! 샘! 제시카가 먼저 있었으니까, 정중하게 물어보는 건 어때요?
샘	알겠어요. 제가 좋아하는 프로그램을 봐도 되겠습니까?
케일린	제시카?
제시카	알겠어. 하지만 애초에 그렇게 물어봤으면 좋았을 거야.
샘	다음엔 그렇게 하죠.

Grammar Point

회화를 튼튼하게 해주는 문법 원 포인트 레슨을 확인해보세요.

would have p.p. ~했을 텐데 (아쉬움)

〈would have p.p.〉는 과거 사실과 반대되는 이야기를 할 때 씁니다. '~였을 텐데', '~했을 텐데' 하고 예전에 했거나 못 했던 일에 대한 아쉬움이나 유감을 표현할 때 사용합니다. 본문에서는 상대방의 매너 없는 행동을 아쉬워하며 이 표현을 사용했어요. 뒤에 오는 if절에는 과거 사실과 반대되는 일을 가정하는 것이므로 〈hap p.p.〉 형태가 옵니다.

- It would've been **cool if you had asked me first!**
- It would've been **nice if you hadn't yelled at me.**
- It would've been **nice if you had asked me like that in the first place.**

It's time for my favorite TV show.
내가 좋아하는 TV 프로그램 할 시간이란 말이야.

It's time for~는 '~할 시간이다'라는 뜻입니다. 비슷한 표현인 It's time to~(~할 시간이다) 뒤에는 동사가 오고 It's time for 뒤에는 명사나 동명사가 온다는 차이가 있어요.

It's time for swimming.	수영할 시간이야.
It's time for a new journey.	새로운 여행을 떠날 시간이야.
Now it's time for *Pokemon*.	지금 〈포켓몬〉 할 시간이야.

You can't just come and suddenly change the channel on me!
갑자기 와서 채널을 돌리는 건 아니지!

우리말로 '그런 게 어딨어?', '이건 아니지'의 느낌으로 사용하는 표현이 You can't just~입니다. change the channel on 다음에 사람이 나오면 '그 사람이 TV를 보고 있는데 채널을 바꾼다'는 뜻입니다.

You can't just beg for money.	그렇게 돈 달라고 구걸하는 건 아니라고 봐.
You can't just quit your job anytime you want.	
원한다고 아무 때나 일을 그만두면 곤란하지.	
You can't just claim to be an expert.	전문가라고 우긴다고 되는 게 아니야.

It would've been nice if you hadn't yelled at me. 나한테 소리 지르지 않았다면 좋았을 텐데.

would've는 would have의 줄임말이에요. 앞에서 설명했듯이 〈would have p.p.〉는 과거에 실제 있었던 일과 반대되는 이야기를 할 때 후회나 아쉬움·유감을 담아 쓰는 표현이에요. 좀 길고 복잡하지만 일상 대화에서 종종 쓰는 표현이니까 잘 연습해두세요.

It would've been perfect if we had won the match.
시합에서 우리가 이겼다면 완벽했을 텐데.

It would've been good if I had prepared for the exam.
내가 시험 준비를 했다면 좋았을 텐데.

It would've been nice if you had helped me.
네가 나를 도와줬다면 좋았을 텐데.

It would've been nice if you hadn't yelled at me. 나한테 소리 지르지 않았다면 좋았을 텐데.

yell at은 '~에게 소리 지르다'라는 뜻이에요. 주로 화가 나서 고함치는 것을 뜻하지만 주변이 시끄러울 때, 고통이 심할 때, 또는 특별히 다른 이유가 있어서 소리를 지를 때도 yell at을 씁니다.

I know you are angry, but don't yell at me.
화난 건 알겠는데 나한테 소리는 지르지 마.

I can hear you clearly. You don't need to yell at me.
잘 들리니까 고함칠 필요 없어.

The couple yells at each other every night.
그 부부는 밤마다 서로에게 언성을 높인다.

Why don't you ask nicely?
정중하게 물어보는 건 어때요?

Why don't you~?를 직역하면 '왜 ~하지 않아?'가 되는데, 앞서 설명한 〈Why aren't you+동사-ing?〉와는 어감이 달라요. 〈Why aren't you+동사-ing?〉는 이유가 궁금해서 묻는 느낌이 강하고, Why don't you~?는 '~하지 그래?' 하고 권유하는 어감이 강합니다.

Why don't you listen to me?	내 말 좀 듣지 그래?
Why don't you come with us?	우리와 함께 가는 게 어때?
Why don't you go to sleep?	자러 가는 게 어때?

1

_____

〈프렌즈〉할 시간이야.   보기 for, _Friends_, time, it's

2

_____

바이러스 탓만 해서는 곤란하지.   보기 just, virus, you, can't, blame, the

3

_____

네가 서울에 머물렀다면 더 좋았을 텐데.

보기 it, Seoul, would've, stayed, better, you, been, had, in, if

4

_____

아이들에게 그렇게 소리 지르면 안 돼요.

보기 should, you, not, children, your, like, at, that, yell

5

_____

나가서 즐거운 시간 보내는 게 어때요?   보기 why, have, go, out, and, fun, don't, you

Drill 2

영어를 가리고 한국어를 보면서 바로 말할 수 있는지 체크해보세요.

☐ 내가 좋아하는 TV 프로그램 할 시간이란 말이야.	It's time for my favorite TV show.
☐ 먼저 물어봤으면 좋았잖아!	It would've been cool if you had asked me first!
☐ 내가 보고 있는데 와서 갑자기 채널을 돌리는 건 아니지!	You can't just come and suddenly change the channel on me!
☐ 나한테 소리 지르지 않았다면 좋았을 텐데.	It would've been nice if you hadn't yelled at me.
☐ 정중하게 물어보는 건 어때요?	Why don't you ask nicely?
☐ 새로운 여행을 떠날 시간이야.	It's time for a new journey.
☐ 우리와 함께 가는 게 어때?	Why don't you come with us?
☐ 화난 건 알겠는데 나한테 소리는 지르지 마.	I know you are angry, but don't yell at me.

 1 It's time for _Friends_. **2** You can't just blame the virus. **3** It would've been better if you had stayed in Seoul. **4** You should not yell at your children like that. **5** Why don't you go out and have fun?

굿나잇 인사하기

미국 시간으로 밤이 늦었네요.
케일린과 제시카의 즐거운 문자 타임도 이제 마무리할 시간이군요.
제시카가 가족들에게 밤 인사 후 어떻게 문단속을 하는지 함께 보시죠.

이제 자야겠어요.
이야기해서 즐거웠어요.

 아, 그래요. 미국은 늦은 시간이겠군요.

네, 문단속하고 가족들한테
잘 자라고 해야겠어요.

오늘의 대화문을 귀 기울여 들어보세요.

Michael	Alright. Good night, honey.
	Oh, did you send the mail I asked for?
Jessica	Oh, I should've done that today.
Michael	It's okay. I can do it tomorrow.
Jessica	Are you sure?
	Oh, Dad! Did you lock the front door?
Michael	Woops! I should've done that!
Jessica	Let me do it.
Michael	Thanks, honey.
	OK. Let's go to sleep now. Sweet dreams!
Jessica	Alright, Dad. Good night!
Michael	Good night!

honey (사랑하는 사람에 대한 비격식 호칭) 얘야, 여보, 자기 **send** 보내다 **mail** 메일, 우편 **ask for** 요청하다 **lock** 잠그다 **front door** 앞문, 현관문 **go to sleep** 잠자리에 들다 **Sweet dreams!** 좋은 꿈 꿔! **alright**(=all right) 네, 알겠어요

마이클	잘 자렴, 우리 딸.
	아, 내가 요청한 메일은 보냈니?
제시카	이런, 오늘 해야 했는데.
마이클	괜찮아. 내가 내일 할게.
제시카	정말요?
	아, 아빠! 문 잠갔어요?
마이클	아이고! 잠갔어야 했는데!
제시카	제가 할게요.
마이클	고마워, 딸.
	좋아. 이제 자자. 좋은 꿈 꾸렴!
제시카	네, 아빠. 안녕히 주무세요!
마이클	잘 자!

Grammar Point

회화를 튼튼하게 해주는 문법 원 포인트 레슨을 확인해보세요.

should have p.p. ~했어야 했는데 (후회)

앞에서 〈would have p.p.〉가 과거에 했거나 못 했던 일에 대한 아쉬움을 표현한다고 했지요. 〈should have p.p.〉는 과거에 안 했던 일, 못 했던 일에 대해 '~했어야 했는데' 하는 후회나 유감을 나타냅니다. 〈shouldn't have p.p.〉와 같이 부정형으로 사용하면 '~하지 말았어야 했는데'라는 뜻이 됩니다.

- I should've done **that today.**
- I should've done **that!**

Did you **send the mail I asked for?**

내가 요청한 메일은 보냈니?

'너 ~해?'처럼 상대방이 현재 뭔가를 하는지 물어볼 때는 Do you~?를 사용하지요. 상대방이 과거에 어떤 일을 했는지 물어볼 때는 Do를 과거형 Did로 바꿔서 Did you~?로 질문하면 됩니다.

> **Did you meet your uncle last week?**
> 지난주에 너희 삼촌 만났어?
>
> **Did you drink enough water today?**
> 오늘 물 충분히 마셨어?
>
> **Did you play baseball when you were young?**
> 어렸을 때 야구 했어요?

Did you send the mail I **asked for?**

내가 요청한 메일은 보냈니?

ask는 '물어보다, 부탁하다'라는 뜻이에요. ask 뒤에 for를 붙이면 '~을 요청하다, 요구하다, 찾다' 등의 의미가 됩니다. 여기서 ask for는 '요청하다'라는 뜻으로 쓰였어요.

> **Can I ask for a refund?**   환불 요청해도 될까요?
> **You can ask for help anytime.**   언제든지 도움을 요청하실 수 있습니다.
> **My son asked me for more money.**   우리 아들이 나한테 용돈을 더 달라고 했어.

Woops! I **should've done that!**

아이고! 잠갔어야 했는데!

〈I should have p.p.〉는 '난 ~했어야 했는데'라는 뜻으로 과거에 하지 않은 것에 대한 후회나 유감을 나타내요. 주어를 바꿔 〈You should have p.p.〉라고 하면 '넌 ~했어야 했어'라는 뜻으로 상대방을 질책하거나 비난하는 표현이 됩니다. 말할 때는 should have를 줄여서 should've라고 할 때가 많아요.

I should've brought an umbrella.
우산을 가져왔어야 했는데.

You should've left our team, then.
넌 그때 우리 팀을 떠났어야 했어.

George should've listened to his friend.
조지는 친구 말을 들었어야 했어.

Let me do it.

제가 할게요.

let은 '~하게 두다[허락하다]'라는 뜻입니다. 따라서 〈Let me + 동사원형〉은 '제가 ~하게 허락해주세요'라는 뜻이지요. 이는 곧 '제가 ~할게요'라는 뜻이라고 보면 됩니다.

Let me help you.   제가 도와드릴게요.
Let me take you home.   내가 집에 데려다줄게.
Let me pay for this.   이건 내가 계산할게.

Let's go to sleep now.

이제 자자.

Let's는 Let us를 줄인 표현이에요. Let's~를 직역하면 '우리가 ~하게 해'인데, 이는 '우리 ~하자'라는 제안의 의미라고 보면 됩니다. Let's 뒤에 동사원형을 붙여서 제안하는 말을 만들어보세요.

Let's play chess together.   같이 체스 두자.
Let's have dinner together sometime.   언제 같이 저녁 먹자.
Let's wait until the rain stops.   비가 그칠 때까지 기다리자.

1 _____

어젯밤에 나한테 전화했어?　　　　　　　　보기 you, did, last, me, night, call

2 _____

내가 메뉴 달라고 했어.　　　　　　　　　보기 the, asked, menu, I, for

3 _____

우리는 오늘 아침에 더 일찍 출발했어야 했어.　보기 left, morning, earlier, this, should've, we

4 _____

내가 그거 들어줄게.　　　　　　　　　　보기 me, that, you, let, carry, for

5 _____

우리 원래 계획을 고수하자.　　　　　　　보기 to, original, stick, plan, let's, our

Drill 2

영어를 가리고 한국어를 보면서 바로 말할 수 있는지 체크해보세요. 27 02

☐ 내가 요청한 메일은 보냈니?	Did you send the mail I asked for?
☐ 오늘 해야 했는데.	I should've done that today.
☐ 현관문 잠갔어요?	Did you lock the front door?
☐ 아이고! 잠갔어야 했는데!	Woops! I should've done that!
☐ 제가 할게요.	Let me do it.
☐ 이제 자자.	Let's go to sleep now.
☐ 이건 내가 계산할게.	Let me pay for this.
☐ 환불 요청해도 될까요?	Can I ask for a refund?
☐ 오늘 물 충분히 마셨어?	Did you drink enough water today?
☐ 우산을 가져왔어야 했는데.	I should've brought an umbrella.

정답 **1** Did you call me last night? **2** I asked for the menu. **3** We should've left earlier this morning. **4** Let me carry that for you. **5** Let's stick to our original plan.

제시카의 저녁 루틴

제시카가 힘든 하루를 보냈나 봐요. 이렇게 힘든 날에는 깨끗이 씻고 푹 자는 게 최고죠!
제시카가 하루를 어떻게 마무리하는지 브이로그 함께 보시죠.

Jessica

안녕하세요, 여러분!
오늘 어떻게들 지내셨나요?
저는 정말 힘든 하루를 보냈는데, 다행히 내일이 토요일이네요.
자기 전에 우선 화장을 지우려고요. 제 저녁 루틴이에요.

Jessica Where did I put the makeup removing wipes?

I must have put them in the bathroom.

They're not here. Then, I must've put them in

the other bathroom. Oh, here they are!

I'm going to use two wipes.

I usually don't wear a lot of makeup, but today

I did a makeover with Lina. We must have

used a lot of eye color because it looks like I

need another one of those wipes.

OK, now I'm going to wash my face with foam

cleanser. This one is actually my favorite. It's

not foaming much, but it cleanses off makeup

so well.

By the way, it's not an ad or something. I just

wanted to recommend this.

---

makeup 메이크업, 화장 **remove** 없애다, 제거하다 **wipe** 물티슈 **makeup removing wipe** 메이크업 지우는 물티슈, 클렌징 티슈 **wear makeup** 화장을 하다 **do a makeover** 단장하다 **eye color** 눈 화장 **foam** 거품; 거품을 일으키다 **foam cleanser** 폼 클렌저(거품 형태의 세안제) **cleanse** 세척하다 **by the way** (화제 전환시) 그런데 **ad**(=advertisement) 광고 **recommend** 추천하다

제시카

클렌징 티슈를 어디에 뒀더라?

분명 욕실에 뒀을 거야.

여기 없네. 그럼, 다른 욕실에 뒀나 보다. 여기 있네!

클렌징 티슈 두 장을 사용할 거예요.

평소에 화장을 진하게 하지 않지만, 오늘은 리나랑 화장을 해서요.

한 장 더 필요한 거 보니 아이섀도를 어지간히 썼나 봐요.

이제 폼 클렌저로 얼굴을 씻어낼 거예요. 사실 이 제품은 제가 좋아하는 건데요. 거품이 많이 나진 않지만, 화장을 싹 닦아주거든요.

아, 광고는 아니랍니다. 그냥 추천해드리고 싶었어요.

Grammar Point

회화를 튼튼하게 해주는 문법 원 포인트 레슨을 확인해보세요.

must have p.p. ~했던 게 틀림없어 (추측)

must는 '틀림없이 ~일 것이다'라는 강한 추측을 나타내는 조동사입니다. 현재에 대한 추측이 아니라 과거에 대해 추측할 때는 must 뒤에 현재완료형을 붙여요. 즉, 〈must have p.p.〉는 '~했던 게 틀림없다'라는 뜻으로 과거 상황을 강하게 추측할 때 쓰는 표현입니다. 이때 must have를 줄여서 must've라고 말하기도 합니다.

- I **must have put** them in the bathroom.
- I **must've put** them in the other bathroom.
- We **must have used** a lot of eye color.

Today I did a makeover with Lina.
오늘은 리나랑 화장을 했어요.

makeover는 사람이나 장소 등의 모습을 개선하기 위한 '단장'을 뜻하는데, 사람에게 쓰면 '화장'이 됩니다. makeover는 매일 하는 화장(makeup)보다 스타일을 대대적으로 바꾸는 화장을 말하며, 우리말로 '꽃단장' 정도를 말할 때 씁니다.

> **Claire needs a makeover.** 클레어는 좀 꾸며야 해.
> **She received a makeover at a beauty salon.**
> 그녀는 미용실에서 메이크업을 받았다.
> **This beauty salon is the best place to get a makeover.**
> 이 미용실이 화장을 제일 잘해준다.

We must have used a lot of eye color.
우리가 아이섀도를 어지간히 썼나 봐요.

〈must have p.p.〉는 '(과거에) ~했던 게 틀림없다'라는 강한 추측의 뜻이라고 했지요? 〈must have p.p.〉가 들어간 문장을 몇 개 더 살펴볼게요.

> **I must have left it at home.** 그걸 집에 두고 온 게 틀림없이.
> **She must have forgotten it.** 걔는 분명히 그걸 잊어버렸나 봐.
> **The boy must have been bitten by a dog.**
> 그 남자애는 개한테 물린 게 틀림없어.

It looks like I need another one of those wipes. 티슈가 한 장 더 필요한 것 같아요.

It looks like는 '~인 것 같다', '~처럼 보인다'라는 뜻입니다. 상황이 어때 보이는지 말할 때는 주어를 It으로 받아서 It looks like를 사용하면 됩니다. like 뒤에는 명사가 와도 되고, 예문처럼 절(주어+동사)이 와도 됩니다. another one of는 '또 하나의(one more)~'라고 해석하면 됩니다.

It looks like you were right. 네 말이 맞았던 것 같다.
It looks like she really loves you. 그녀가 널 정말 사랑하는 것 같네.
It looks like they are waiting for us. 걔들이 우릴 기다리고 있나 봐.

It's not an ad or something.

광고 같은 건 아니랍니다.

우리말에서 '커피 있어요?'라고 하지 않고 '커피 같은 거 뭐 있어요?'라고 할 때가 있지요. 여기서 '~같은 것'에 해당하는 표현이 or something이라고 보면 됩니다. 딱 부러지게 짚어서 얘기하는 게 아니라 '~같은 것', '~라도'라고 말하고 싶을 때 사용하기 유용한 표현입니다.

Is today your birthday or something? 오늘이 네 생일이라도 되는 거야?
Are you crazy or something? 너 미쳤거나 뭐 잘못된 거 아냐?
Should I give Stacey a gift or something? 내가 스테이시한테 선물 같은 거 줘야 하나?

I just wanted to recommend this.

그냥 이걸 추천해드리고 싶었어요.

I just wanted to~는 '그냥 ~하고 싶었어요(별 다른 이유 없어요)'라는 뜻입니다. 우리가 살아가면서 하는 행동 중에는 별 이유 없이 하는 것도 많죠? 그럴 때 종종 쓰게 되는 표현입니다.

I just wanted to say thank you. 그냥 고맙다는 말을 하고 싶었어요.
I just wanted to get out of here. 그냥 여길 벗어나고 싶었어.
I just wanted to talk to somebody. 그냥 누군가와 대화하고 싶었어요.

Drill 1

학습한 내용을 응용하여 영작해보세요.

1

_____

넌 스타일을 바꿀 필요가 없는 것 같은데. **보기** don't, I, makeover, you, need, a, think

2

_____

그녀는 무척 행복했겠구나. **보기** have, must, so, happy, she, been

3

_____

우리가 또 이길 것 같네. **보기** going, it, like, looks, win, to, again, we're

4

_____

당신이 우리 선생님이라도 되세요? **보기** you, are, our, something, teacher, or

5

_____

그냥 네가 보고 싶었어. **보기** wanted, I, to, you, just, see

Drill 2

영어를 가리고 한국어를 보면서 바로 말할 수 있는지 체크해보세요.

☐ 분명 욕실에 뒀을 거야.	I must have put them in the bathroom.
☐ 평소엔 화장을 진하게 하지 않아요.	I usually don't wear a lot of makeup.
☐ 오늘은 리나랑 화장을 했어요.	Today I did a makeover with Lina.
☐ 우리가 아이섀도를 어지간히 썼나 봐요.	We must have used a lot of eye color.
☐ 티슈가 한 장 더 필요한 것 같아요.	It looks like I need another one of those wipes.
☐ 폼 클렌저로 얼굴을 씻어낼 거예요.	I'm going to wash my face with foam cleanser.
☐ 사실 이건 제가 좋아하는 건데요.	This one is actually my favorite.
☐ 그것이 화장을 싹 닦아줍니다.	It cleanses off makeup so well.
☐ 광고 같은 건 아니랍니다.	It's not an ad or something.
☐ 그냥 이걸 추천해드리고 싶었어요.	I just wanted to recommend this.

 1 I think you don't need a makeover. **2** She must have been so happy. **3** It looks like we're going to win again. **4** Are you our teacher or something? **5** I just wanted to see you.

감사 일기를 쓰며 마무리하는 하루

일기를 쓰면 하루 일과를 기록하면서 생각이나 감정을 정리하는 데 도움이 되지요.
제시카의 감사 일기를 보면서 무엇에 대해 감사해하는지 알아볼까요?

17:05 / 25:00

 Jessica

안녕, 여러분!
여러분은 하루 마무리를 어떻게 하세요?
다들 나만의 저녁 루틴이 있겠죠?
저도 하루를 마무리하는 저만의 루틴이 있답니다.
뭔지 보여드릴게요.

Jessica

It's a journal. I got it this afternoon.

I'm going to write a gratitude journal from today.

Actually, my new friend Lina recommended it.

Although she's only been here for a couple of days, we've become really good friends.

She said gratitude journaling can help you find out what really matters to you.

Well, I hope so.

Now let me list my gratitudes from today.

1. Got this new journal and started writing on it

2. Got a seat on the subway

3. Got a new good friend like Lina

I'll keep writing in it from today on and let's see what I'll be in a year.

Good night!

---

journal 일기; 일기를 쓰다 **gratitude** 감사(한 것), 고마움 **although** 비록 ~이지만 **a couple of** 몇 개의, 둘의 **find out** 알게 되다, 발견하다 **matter** 중요하다 **list** 적다, 열거하다 **keep -ing** 계속 ~하다 **from today on** 오늘부터 계속[쭉]

제시카

일기장이에요. 오늘 오후에 샀어요.

오늘부터 감사 일기를 쓰려고 하거든요.

새 친구 리나가 이걸 소개해줬답니다.

여기서 지낸 지 며칠 안 됐지만, 아주 좋은 친구가 됐어요.

리나 말로는 감사 일기 쓰기가 자신에게 진짜 중요한 걸 찾게 해준대요.

그럼 좋겠네요.

이제 오늘의 감사한 점을 써볼게요.

1. 새 저널을 사서 쓰기 시작함

2. 지하철에서 자리에 앉음

3. 리나처럼 좋은 새 친구가 생김

오늘부터 꾸준히 써서 1년 후 제가 어떻게 되었는지 볼게요.

안녕히 주무세요!

Grammar Point

회화를 튼튼하게 해주는 문법 원 포인트 레슨을 확인해보세요.

get 사다, 얻다, 생기다

get은 활용법이 다양한 단어입니다. 일기장을 '사다', 빈자리를 '얻다', 친구가 '생기다' 등 없던 사물이나 사람을 갖게 되는 것을 get으로 표현할 때가 많습니다.

- **I got it this afternoon.**
- **Got this new journal**
- **Got a seat on the subway**
- **Got a new good friend like Lina**

I'm going to write a gratitude journal from today.

오늘부터 감사 일기를 쓰려고 하거든요.

be going to는 '~할 거야'라는 뜻으로 미래의 일을 나타냅니다. 비슷한 의미인 will에 비해 be going to는 계획되어 있던 것을 한다는 느낌이 강합니다. 미리 계획했던 일을 미래에 할 거라고 말할 때는 I'm going to~(난 ~할 거야)를 사용하면 됩니다. journal은 '일기' 또는 '일기를 쓰다'라는 뜻이므로 gratitude journal은 '감사 일기'를 말합니다.

I'm going to start journaling.	일기를 쓰기 시작할 거예요.
I'm going to meet Jane tonight.	오늘밤에 제인을 만날 거야.
I'm going to order pizza for dinner.	저녁으로 피자를 주문할 거야.

Gratitude journaling can help you find out what really matters to you.

감사 일기 쓰기가 자신에게 진짜 중요한 걸 찾게 도와줘요.

help you find out은 '네가 찾는 걸 도와준다'는 뜻이에요. 이렇게 '~가 ~하는 것을 돕다'라고 말하려면 〈help+목적어+동사원형〉 순서로 쓰면 됩니다. 동사원형 자리에 to부정사를 써도 되지만 동사원형이 더 많이 쓰입니다.

She helped me find a house.	그녀는 내가 집을 구하는 걸 도와줬다.
Noah helped her prepare dinner.	노아는 그녀가 저녁 식사 준비하는 걸 도왔다.
I helped her cancel her flight schedule.	
난 그녀가 비행기 스케줄 취소하는 걸 도와줬다.	

Gratitude journaling can help you find out what really matters to you.

감사 일기 쓰기가 자신에게 진짜 중요한 걸 찾게 도와줘요.

find out은 뭔가를 '찾다, 발견하다, 알아내다'라는 뜻입니다. 그럼 find(찾다, 발견하다)와 무슨 차이가 있을까요? find는 사람이나 물건 등 만질 수 있는 대상에 쓰는 반면, find out은 사실이나 정보 등 무형의 것에 대해 씁니다.

I will find out how much it will cost.　비용이 얼마나 들지 알아볼게.
She found out what he wanted.　그녀는 그가 원하는 게 무엇인지 알아냈다.
Can you find out what time the restaurant opens?
그 식당이 몇 시에 여는지 알아봐줄래요?

I'll keep writing in it from today on.

오늘부터 거기에 꾸준히 쓸 거예요.

〈keep+동사-ing〉는 '계속 ~하다'라는 뜻이에요. 앞에 I'll을 붙여서 〈I'll keep+동사-ing〉라고 하면 미래의 의미가 더해져 '난 계속 ~할 거야'라는 뜻이 됩니다.

I'll keep writing songs.　난 계속 작곡을 할 거야.
I'll keep updating my blog.　제 블로그를 계속 업데이트할 겁니다.
➕ 〈keep+목적어+from+동사-ing〉는 '~가 ~하지 못하게 하다'라는 뜻입니다. 〈keep+동사-ing〉와는 완전히 다른 뜻이므로 혼동하면 안 됩니다.
His busy schedule kept him from practicing.
그는 바쁜 일정 때문에 연습을 할 수 없었다.

1

내 생일파티에 내 친구들을 전부 초대할 거야.

보기 going, my, friends, I'm, all, my, birthday, to, invite, of, to, party

2

제이슨은 폴이 자전거 수리하는 것을 도와줬다.   보기 helped, Jason, Paul, bicycle, repair, his

3

뭐가 잘못된 건지 알아봅시다.   보기 find, let's, wrong, what's, out

4

난 그가 나타날 때까지 여기서 계속 기다릴 거야.

보기 I'll, shows, keep, until, here, he, up, waiting

☐ 저는 그걸 오늘 오후에 샀어요.	I got it this afternoon.
☐ 오늘부터 감사 일기를 쓰려고 하거든요.	I'm going to write a gratitude journal from today.
☐ 그 애는 여기서 지낸 지 며칠 안됐지만,	Although she's only been here for a couple of days,
☐ 감사 일기 쓰기가 자신에게 진짜 중요한 걸 찾게 도와줘요.	Gratitude journaling can help you find out what really matters to you.
☐ 이제 오늘의 감사한 점을 써볼게요.	Now let me list my gratitudes from today.
☐ 새 저널을 사서 쓰기 시작함	Got this new journal and started writing on it
☐ 지하철에서 자리에 앉음	Got a seat on the subway
☐ 리나처럼 좋은 새 친구가 생김	Got a new good friend like Lina
☐ 오늘부터 거기에 꾸준히 쓸 거예요.	I'll keep writing in it from today on.
☐ 1년 후 제가 어떻게 되었는지 볼게요.	Let's see what I will be in a year.

 1 I'm going to invite all of my friends to my birthday party. **2** Jason helped Paul repair his bicycle. **3** Let's find out what's wrong. **4** I'll keep waiting here until he shows up.

모바일 게임에 빠진 제시카

요즘 핸드폰으로 게임 많이들 하시죠? 게임은 한번 시작하면 멈추기가 쉽지 않죠.
제시카도 아직까지 안 자고 한창 게임 중인가 보네요.

제시카, 여태 깨어 있어요?
제시카한테 게임 초대장이 와서요.

 아, 진짜요? 실수예요. 미안해요, 케일린.

아니에요. 근데 지금 게임해요?

Jessica   Oh, it's already 11 p.m.

I should get to bed.

Today I got addicted to this game.

I'm on level 97.

I just have to get to level 100 to get the special bonus.

I don't know if I could get to that level today.

Well, let's see.

Oh, man! I only have two lives!

Caelyn   Jess! Go to bed! You would pull an all-nighter.

Jessica   Okay. Okay, I'm going to bed now!

Bye for now!

already 벌써   **get to bed** 잠을 자다   **get addicted to** ~에 중독되다   **special bonus** 특별 보너스
life 생명, 목숨, 생활 (복수형 lives)   **pull an all-nighter** 밤을 새우다

제시카	벌써 11시네. 이제 자야겠어요.
	오늘 이 게임에 중독돼버렸어요. 지금 레벨 97이에요.
	스페셜 보너스를 받으려면 100까지 가야 해요.
	오늘 그 레벨까지 갈 수 있을지 모르겠어요.
	두고 보죠.
	어휴! 목숨이 2개밖에 안 남았잖아!
케일린	제시카! 얼른 자요! 밤새우겠어요.
제시카	알겠어요. 이제 잘게요! 그럼 안녕!

Grammar Point

회화를 튼튼하게 해주는 문법 원 포인트 레슨을 확인해보세요.

get 받다, 되다

get은 쓸모가 많은 단어예요. 우선 '받다, 얻다'라는 뜻이 있어요. get the special bonus는 '특별 보너스를 받다'라는 뜻이에요. get에는 '~되다'라는 뜻도 있어요. addict는 '중독시키다'라는 뜻인데 get addicted라고 하면 '중독되다'라는 뜻이 됩니다.

- **I got addicted to this game.**
- **I just have to get to level 100 to get the special bonus.**

get 도착하다, 도달하다

get에는 '~에 도착하다'라는 뜻도 있어요. 어떤 지역에 '도착하다'뿐만 아니라 어떤 경지나 수준에 '이르다'라고 할 때도 get to를 쓸 수 있습니다. get to bed는 직역하면 '침대에 도착하다'인데 보통 '잠을 자다'라는 뜻으로 쓰여요.

- **I should get to bed.**
- **I just have to get to level 100 to get the special bonus.**

I should **get to bed.**

자야겠어요.

should는 '~해야 한다'라는 뜻인데 must나 have to보다는 강도가 약한 의무를 나타냅니다. I should~는 '나 ~해야겠어' 정도로 해석하면 됩니다.

I should **get up early.**	일찍 일어나야겠어.
I should **eat healthy food.**	건강에 좋은 음식을 먹어야겠어.
I should **go home now.**	이제 집에 가야겠어.

Today I **got addicted to** this game.

오늘 이 게임에 중독돼버렸어요.

addict는 '중독시키다'라는 뜻이에요. be[get] addicted to의 형태로 쓰면 '~에 중독되다'라는 뜻이 됩니다. addict는 '중독자'라는 뜻이에요. 만약 중독이나 알코올 중독 등 심각한 경우가 아니라도 He is a computer game addict.(걔는 컴퓨터게임 중독이야.)처럼 뭔가에 빠져 지내는 사람을 addict라고 부르기도 합니다.

He is addicted to **alcohol.** 그는 알코올 중독이야.
She is addicted to **caffeine for sure.** 그녀는 확실히 카페인 중독이야.
I'm totally addicted to **this animation series.**
이 애니메이션 시리즈에 완전히 중독됐어.

I don't know if I could get to that level today.

오늘 그 레벨까지 갈 수 있을지 모르겠어요.

If에는 '만약에'라는 가정의 뜻 외에 '~인지 아닌지'라는 뜻도 있어요. 그래서 '~인지 아닌지 모르겠어'라고 하려면 I don't know if~를 쓰면 됩니다.

I don't know if I can do this.   내가 이걸 할 수 있을지 모르겠어.
I don't know if I like him.   내가 그를 좋아하는지 모르겠어.
I don't know if he really wants to be a doctor.
그가 정말 의사가 되고 싶은 건지 모르겠어.

I'm going to bed now!

이제 잘게요!

〈be동사＋동사-ing〉는 현재 진행 중인 동작을 나타내는데 위와 같이 '가까운 미래'를 나타낼 때도 있어요. I'm going to bed now.를 '나 지금 자러 가는 중이야.'라고 해석하면 문맥상 좀 어색하죠? '나 이제 잘 거야.'라고 가까운 미래로 해석해야 자연스럽습니다.

I'm going home for Christmas.   크리스마스에 집에 갈 거야.
I'm visiting my family next week.   나 다음 주에 우리 가족을 보러 갈 거야.
I'm joining you guys for dinner tonight.   오늘 밤에 너희랑 저녁 같이 할게.

Drill 1

학습한 내용을 응용하여 영작해보세요.

1

당신이 전문가니까 당신 말을 잘 들어야겠네요.

보기 expert, I, you, listen, should, to, because, you, are, an

2

걔 도박 중독인 것 같아.

보기 is, he, to, I'm, gambling, afraid, addicted

3

내가 이 코스를 마칠 수 있을지 모르겠어.

보기 course, if, I, don't, this, know, finish, I, can

4

나 다음 달에 중국 가.

보기 month, I'm, China, to, next, going

Drill 2

영어를 가리고 한국어를 보면서 바로 말할 수 있는지 체크해보세요.

☐	이제 자야겠어요.	I should get to bed.
☐	저는 이 게임에 중독돼버렸어요.	I got addicted to this game.
☐	지금 레벨 97이에요.	I'm on level 97.
☐	스페셜 보너스를 받으려면 100레벨까지 가야 해요.	I just have to get to level 100 to get the special bonus.
☐	오늘 그 레벨까지 갈 수 있을지 모르겠어요.	I don't know if I could get to that level today.
☐	밤새우겠어요.	You would pull an all-nighter.
☐	이제 잘게요!	I'm going to bed now!
☐	이제 집에 가야겠어.	I should go home now.
☐	내가 이걸 할 수 있을지 모르겠어.	I don't know if I can do this.
☐	크리스마스에 집에 갈 거야.	I'm going home for Christmas.

 1 I should listen to you because you are an expert. **2** I'm afraid he is addicted to gambling. **3** I don't know if I can finish this course. **4** I'm going to China next month.

휴대폰 보며 시간 보내기

남매 아니랄까 봐 제시카와 샘이 핸드폰을 보며 티격태격하고 있네요.
둘이 뭘 보면서 무슨 대화를 나누는지 함께 보시죠.

사이 좋은 남매네요!
두 사람 보기 좋아요.

 너무 좋아 탈이죠, 하하!

Jessica	Do you have any idea how annoying you sound?
Sam	What? These photos are so funny.
Jessica	What's so funny?
Sam	I'm looking at some photos I took with my friends today.
Jessica	What were you having in that photo?
Sam	I was having an ice cream sundae with a ton of whipped cream. And they put whipped cream all over my face.
Jessica	Is this your idea of fun?
Sam	Yeah.
Jessica	I'm glad you had fun.
Sam	Oh, I gotta free up some space on my phone. Here, let me delete the ones of me that did not turn out good.
Jessica	You'll end up deleting all of them.
Sam	Wow! I have more than 30,000 photos on my phone! This is gonna take some time.

Do you have any idea~? 너 ~인 거 알아? **annoying** 짜증스러운 **photo** 사진 **take photos** 사진을 찍다 **ice cream sundae** 아이스크림선디 **a ton of** 엄청 많은 **whipped cream** 휘핑크림 **all over** 곳곳에, 온통 **have fun** 즐거운 시간을 보내다 **free up space** 저장 공간을 확보하다 **delete** 지우다 **turn out good** (사진이) 잘 나오다 **end up -ing** (결국) ~하게 되다 **more than** ~ 이상의

제시카	네 웃음소리 얼마나 짜증 나는지 알아?
샘	뭐? 이 사진들 진짜 웃긴단 말이야.
제시카	뭐가 그렇게 웃기냐?
샘	오늘 친구들이랑 찍은 사진들 보는 중이야.
제시카	이 사진에서 뭘 먹고 있는 거야?
샘	휘핑크림이 왕창 많이 올라간 아이스크림선디야.
	애들이 내 얼굴에 휘핑크림을 발랐다니까.
제시카	넌 이런 게 재밌냐?
샘	어.
제시카	즐거웠다니 다행이다.
샘	아, 폰 저장 공간 좀 늘려야겠네. 못생기게 나온 내 사진은 지워야겠다.
제시카	그럼 다 지워야겠네.
샘	와! 폰에 사진이 3만 장이 넘네! 시간 꽤 걸리겠네.

Grammar Point

회화를 튼튼하게 해주는 문법 원 포인트 레슨을 확인해보세요.

have 가지다, 소유하다

동사 have는 기본적으로 '가지다, 소유하다'라는 뜻이에요. 물건뿐만 아니라 신체 특징, 시간 등 갖고 있는 것을 말할 때 have를 사용할 수 있어요.

- I have more than 30,000 photos!

have 먹다, 마시다

have는 '먹다, 마시다'라는 뜻도 있어요. It's time to have breakfast.(아침 먹을 시간이야.) 에서 have는 '먹다'라는 뜻입니다.

- What were you having in that photo?
- I was having an ice cream sundae.

Do you have any idea how annoying you sound? 네 웃음소리 얼마나 짜증 나는지 알아?

Do you have any idea~?는 '너 ~ 알아?'라고 물을 때 쓰는 표현입니다. 이 뒤에는 보통 의문 사절을 붙이는데 〈의문사＋주어＋동사〉의 순서로 쓰면 됩니다. how의 경우 〈how＋형용사＋ 주어＋동사〉로 쓰이기도 합니다.

> **Do you have any idea how awesome you are?**
> 네가 얼마나 멋진지 알아?
>
> **Do you have any idea how expensive this watch is?**
> 이 시계가 얼마나 비싼 건지 알아?
>
> **Do you have any idea who this boy is?**   이 남자애가 누군지 알아?

I was having an ice cream sundae with a ton of whipped cream.

휘핑크림이 왕창 많이 올라간 아이스크림선디를 먹고 있어.

ton(톤)은 무게를 재는 단위죠. 1톤＝1000kg이니까 엄청난 무게입니다. 뭐든 톤 단위로 있다 면 엄청난 양이라고 봐야겠죠. 그래서 a ton of는 '엄청나게 많은'이라는 뜻입니다.

> **I have a ton of work to do today.**   난 오늘 할 일이 산더미다.
> **It cost me a ton of money.**   난 그거에 돈 엄청나게 썼어.
> **We had a ton of fun together.**   우리는 함께 엄청 즐거운 시간을 보냈어.

Is this your idea of fun?

넌 이런 게 재밌냐?

Is this your idea of~?를 직역하면 '이게 네가 생각하는 ~냐?'인데, 이를 자연스럽게 바꾸면 '넌 이게 ~라고 생각하냐?' 정도가 됩니다. 유치한 장난을 하며 깔깔대는 친구에게 한심하다는 듯이 쓴웃음을 지으며 '재밌냐?'라고 묻는 상황을 떠올리면 쉽게 이해가 될 겁니다.

Is this your idea of **a joke?**	너는 이게 농담이라고 생각하니?
Is this your idea of **patriotism?**	너는 이게 애국이라고 생각하니?
Is this your idea of **a good time?**	너는 이게 좋은 시간이라고 생각하니?

I gotta free up some space on my phone.

폰 저장 공간 좀 늘려야겠네.

free up은 '묶여 있는 것을 풀어서 사용 가능하게 한다'는 뜻이에요. 여기서는 free up 뒤에 space(공간)가 붙어서 '공간을 만들다'라는 뜻이 됐어요. 스마트폰이나 컴퓨터의 공간이라면 '저장 공간'을 뜻하는 것으로 봐야겠죠.

I deleted some files on my PC to free up some space.
저장 공간을 늘리려고 내 컴퓨터에서 파일을 좀 지웠어.

Can you free up some time for me?
저한테 시간 좀 내줄 수 있으세요?

We have to free up more money for education.
우리는 교육에 더 많은 돈을 풀어야 한다.

You'll end up deleting all of them.

결국 다 지워야겠네.

〈end up＋동사-ing〉는 '(결국) ~하게 되다'라는 뜻입니다. 의도하지 않은 (뜻밖의) 결과에 대해 이야기할 때 많이 쓰는 표현입니다.

We ended up living together.	우린 어쩌다 보니 같이 살게 됐어.
You'll end up erasing everything.	결국 다 지우게 생겼네.
I ended up walking home that night.	그날 밤엔 결국 집에 걸어갔어.

Drill 1

학습한 내용을 응용하여 영작해보세요.

1

_____

내가 왜 행복한지 알아?　　　　　　　보기 you, have, do, any, happy, why, I'm, idea

2

_____

우리는 아주 많은 백신이 필요해.　　　　　보기 a, we, ton, need, vaccines, of

3

_____

너는 이게 파티라고 생각하니?　　　　　보기 idea, is, your, this, party, of, a

4

_____

이렇게 하면 공간이 많이 생길 거예요.　　　보기 of, this, up, would, lots, space, free

5

_____

그녀는 결국 집을 잃고 말았어.　　　　　보기 ended, she, up, home, her, losing

Drill 2

영어를 가리고 한국어를 보면서 바로 말할 수 있는지 체크해보세요.

☐ 네 웃음소리 얼마나 짜증 나는지 알아?	Do you have any idea how annoying you sound?
☐ 이 사진들 진짜 웃긴단 말이야.	These photos are so funny.
☐ 이 사진에서 뭘 먹고 있는 거야?	What were you having in that photo?
☐ 휘핑크림이 왕창 많이 올라간 아이스크림선디 먹고 있었어.	I was having an ice cream sundae with a ton of whipped cream.
☐ 넌 이런 게 재밌냐?	Is this your idea of fun?
☐ 즐거웠다니 다행이다.	I'm glad you had fun.
☐ 폰 저장 공간 좀 늘려야겠네.	I gotta free up some space on my phone.
☐ 결국 다 지워야겠네.	You'll end up deleting all of them.
☐ 폰에 사진이 3만 장이 넘네!	I have more than 30,000 photos on my phone!

 1 Do you have any idea why I'm happy? **2** We need a ton of vaccines. **3** Is this your idea of a party? **4** This would free up lots of space. **5** She ended up losing her home.

198

리나의 미국 생활 근황 토크

리나가 미국에서 잘 지내고 있어서 참 대견하고 뿌듯하네요.
이번 시간에는 제가 리나에게 질문을 하고 리나가 답하는 영상으로 영어를 배워볼게요.

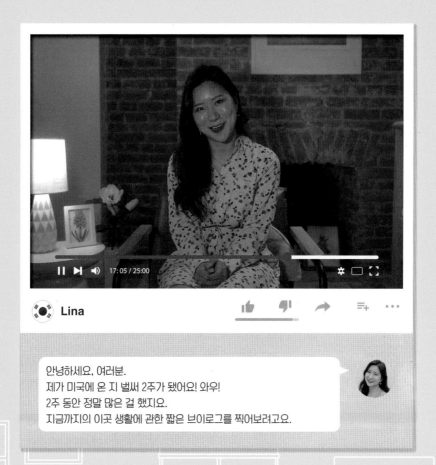

🇰🇷 Lina

안녕하세요, 여러분.
제가 미국에 온 지 벌써 2주가 됐어요! 와우!
2주 동안 정말 많은 걸 했지요.
지금까지의 이곳 생활에 관한 짧은 브이로그를 찍어보려고요.

Live Talk

오늘의 대화문을 귀 기울여 들어보세요.

Caelyn	How is it? Are you having fun?
Lina	To be honest, life here is much better than I thought. I'm having so much fun!
Caelyn	How are the Johnsons?
Lina	They're really nice to me. So one time I had a terrible headache and they were so caring, especially Jess. Yeah, I'm just so happy that I have such a good friend. And I never felt homesick. (Sorry, Mom.)
Caelyn	What are your plans tomorrow?
Lina	Oh, I'm going for a hike with Jess tomorrow. So, I have a long day ahead. You know what? I have to set the alarm for 6:30 a.m. Okay… All done! Okay, I'm going to bed now because I have to get up so early. Thanks for watching! Good night!

to be honest 솔직히 말하자면 **much better than** ~보다 훨씬 좋은 **the Johnsons** 존슨 씨네 가족 **terrible** 끔찍한, 극심한 **headache** 두통 **caring** 돌봐주는, 보살펴주는 **especially** 특히 **feel homesick** 집이 그립다 **go for a hike** 하이킹[등산]하러 가다 **have a long day ahead** 갈 길이 멀다, 할 일이 많다 **set the alarm for (시간)** ~(시간)에 알람을 맞추다 **all done** 다 끝나다

케일린	미국 생활은 어떤가요? 재미있나요?
리나	솔직히 생각했던 것보다 훨씬 좋아요. 진짜 재밌게 보내고 있어요!
케일린	존슨 가족은 어떤가요?
리나	저한테 정말 잘해주세요. 한번은 두통이 정말 심했는데 잘 챙겨줬어요. 특히 제시카가요. 그렇게 좋은 친구가 있다니 정말 기뻐요. 집이 그리운 적도 없어요. (엄마, 미안.)
케일린	내일은 뭐 해요?
리나	내일은 제시카랑 하이킹 가려고요. 긴 하루가 될 거예요.
	아, 맞아. 저 아침 6시 반에 알람을 맞춰 놔야 해요. 됐고… 다 됐어요!
	그럼, 일찍 일어나야 해서 이제 자러 갈게요.
	봐줘서 고마워요! 잘 자요!

Grammar Point

회화를 튼튼하게 해주는 문법 원 포인트 레슨을 확인해보세요.

have 가지다, (~한 시간을) 보내다

have는 '가지다' 외에 여러 뜻으로 사용돼요. '즐거운 시간 보내!'라고 할 때는 '즐거운 시간을 가져!'라는 의미이므로 동사 have를 써서 Have fun!이라고 말해요. 이처럼 '(~한 시간을) 보내다'라고 할 때도 have를 써서 말하면 됩니다.

- I'm **having** so much fun!
- I'm so happy that I **have** such a good friend.
- I **have** a long day ahead.

have (병이) 있다

'두통이 있어.'는 두통을 갖고 있는 것이므로 동사 have를 써서 I have a headache.라고 합니다. 이처럼 갖고 있는 질병을 말할 때도 have 뒤에 병 이름을 붙여서 말하면 됩니다.

- I **had** a terrible headache.

To be honest, life here is much better than I thought.

솔직히 이곳 생활은 생각했던 것보다 훨씬 좋아요.

---

to be honest는 '솔직히 말하자면'이라는 뜻으로 크게 두 가지 경우에 사용됩니다. 첫째는 하기 힘든 이야기나 상대방이 들으면 기분 나쁠 수 있는 이야기를 하기 전에 사용합니다. 둘째는 듣기 좋으라고 하는 이야기가 아니라 진심으로 하는 이야기라고 강조하는 경우에 사용합니다. 위 문장은 후자의 경우에 해당됩니다.

> **To be honest, she wasn't very helpful.**　솔직히 그녀는 별로 도움이 되지 않았어.
> **To be honest, I don't know what you are talking about.**
> 솔직히 네가 무슨 소리를 하는 건지 모르겠어.
> **I want you to be honest with me.**　당신이 제게 솔직했으면 해요.

To be honest, life here is much better than I thought.

솔직히 이곳 생활은 생각했던 것보다 훨씬 좋아요.

---

better than은 '~보다 좋은[나은]'이라는 뜻입니다. much는 비교급 앞에서 '훨씬'이라는 뜻으로 쓰이지요. 따라서 much better than은 '~보다 훨씬 좋은[나은]'이라는 뜻이 됩니다.

> **Prevention is better than cure.**　예방이 치료보다 낫다.
> **Something is better than nothing.**　뭐라도 있는 게 없는 것보단 낫다.
> **Two heads are better than one.**　머리 둘이 하나보다 낫다(백지장도 맞들면 낫다).

One time I had a terrible headache.

한번은 두통이 정말 심했어요.

---

have에 '(질병이) 있다'라는 뜻이 있다고 했죠? 그래서 have a headache는 '두통이 있다'라는 뜻이에요. 신체 부위를 나타내는 명사 뒤에 -ache를 붙이면 그 부분에 통증이 있다는 뜻이 됩니다. 이런 단어로는 backache(요통), stomachache(복통) 등이 있어요.

I have a stomachache. 복통이 있어요.
She has a toothache. 그녀는 치통을 앓고 있어요.
➕ 그 외의 신체 부위 통증을 말할 때는 '아프다'는 뜻의 동사 hurt를 사용합니다.
My right foot hurts. 오른쪽 발이 아파.

I have such a good friend.

내게 그렇게 좋은 친구가 있다니.

I have a good friend.는 '나는 좋은 친구가 하나 있다.'는 뜻입니다. 그런데 여기에 such를 넣은 것은 '정말 좋은 친구'라고 강조하기 위해서입니다. such a(n) 다음에는 '형용사+명사' 순서로 이어집니다.

He is such a nice guy. 그는 정말 좋은 녀석이야.
This is such an interesting book. 이건 정말 흥미로운 책이네.
It is such a beautiful day. 정말 아름다운 날이야.

I have a long day ahead.

긴 하루가 될 거예요.

ahead는 공간상뿐만 아니라 시간상으로 '~ 앞에'라는 뜻입니다. 앞에 펼쳐진 공간, 다가올 시간 등을 모두 ahead로 나타낼 수 있어요. 또한 시대를 '앞서간다'고 할 때도 ahead를 사용합니다.

Have a great week ahead!
멋진 한 주 되길! (새로운 한 주가 시작되기 전에 하는 인사)
We didn't know what lay ahead of us. 우리 앞에 무엇이 놓여 있는지 몰랐다.
He was ahead of time. 그는 시대를 앞서갔어.

1

_____

솔직히 말하면 난 그를 신뢰하지 않아.　　　보기 honest, I, to, don't, be, him, trust

2

_____

넌 그것보다 잘 할 수 있어.(그것 밖에 못하겠어?)　　　보기 do, you, than, better, that, can

3

_____

아직도 귀에 통증이 있어요.　　　보기 I, an, have, earache, still

4

_____

넌 목소리가 정말 멋지다!　　　보기 such, voice, you, have, a, wonderful

5

_____

그녀는 앞을 똑바로 보고 있었어.　　　보기 she, straight, was, ahead, looking

☐	솔직히 이곳 생활은 생각했던 것보다 훨씬 좋아요.	To be honest, life here is much better than I thought.
☐	진짜 재밌게 보내고 있어요!	I'm having so much fun!
☐	존슨 가족은 어떤가요?	How are the Johnsons?
☐	한번은 두통이 정말 심했어요.	One time I had a terrible headache.
☐	내게 그렇게 좋은 친구가 있다니.	I have such a good friend.
☐	집이 그리운 적도 없어요.	I never felt homesick.
☐	내일은 제시카랑 하이킹 가려고요.	I'm going for a hike with Jess tomorrow.
☐	긴 하루가 될 거예요.	I have a long day ahead.
☐	아침 6시 반에 알람을 맞춰 놔야 해요.	I have to set the alarm for 6:30 a.m.
☐	이제 자러 갈게요.	I'm going to bed now.

정답 **1** To be honest, I don't trust him. **2** You can do better than that. **3** I still have an earache. **4** You have such a wonderful voice! **5** She was looking straight ahead.

샘과 제시카의 거래

남매가 아웅다웅하는 건 한국이나 미국이나 비슷한 것 같죠?
이번엔 또 무슨 일로 그러는지 함께 들어보시죠.

침대에 있을 땐 불을 끄는 게
그렇게 귀찮아요.

맞아요, 백프로 공감해요!
귀찮아도 불 끄고 잘 자요.

Live Talk

Jessica	Sam? Sam!
Sam	What?
Jessica	What are you doing?
Sam	Taking my meds. Why?
Jessica	Come here for a sec.
Sam	No! YOU come here!
Jessica	You won't regret it! I promise! Come over here!
Sam	Ugh! What is it?
Jessica	Can you turn off the lights for me?
Sam	What? That's why you told me to come all the way over here?
Jessica	No, you can take the trash out too.
Sam	Argh! You are so annoying!
Jessica	I'll take you to the party next weekend.
Sam	You mean Jason's party?
	Fine! I'll take the trash out for you.
	Is there anything else I can do for you?

take (약을) 복용하다 meds(=medicines) 약, 약물 sec(=second) 잠깐, 순간 for a sec 잠깐만
regret 후회하다 promise 약속하다 turn off (전기/수도/가스 등을) 끄다 tell A to B A에게 B하라
고 말하다 all the way over here 여기까지, 이렇게 멀리 take the trash out 쓰레기를 내놓다

제시카	샘? 샘!	샘	뭐? 그거 때문에 여기까지 오라고 한 거야?
샘	뭐?	제시카	아니, 쓰레기도 내놔줘.
제시카	뭐 해?	샘	악! 누나 진짜 짜증 나!
샘	약 먹고 있는데. 왜?	제시카	다음 주말에 파티에 데려가줄게.
제시카	잠깐만 와 봐.	샘	제이슨의 파티 말하는 거야?
샘	싫어! 누나가 와!		좋아! 쓰레기 내놓을게.
제시카	후회 안 할 거야! 약속해! 와 봐!		다른 거 또 해줄 건 없어?
샘	아오! 뭐야?		
제시카	불 좀 꺼줄래?		

Grammar Point

회화를 튼튼하게 해주는 문법 원 포인트 레슨을 확인해보세요.

take 가져가다, 데려가다, (약을) 복용하다

take에는 기본적으로 '가져가다'라는 의미가 있어요. 물건을 가져가는 것, 쓰레기를 내다버리는 것을 take로 표현합니다. take는 '데려가다'라는 뜻으로도 사용되어 〈take A to B〉 하면 'A를 B에 데려가다'라는 뜻이 됩니다. take는 또 '(약 등을) 복용하다'라는 의미로도 쓰입니다.

- I'm taking my meds.
- You can take the trash out too.
- I'll take you to the party next weekend.
- I'll take the trash out for you.

You won't **regret it!**
후회 안 할 거야!

won't는 will not의 줄임말이므로 '~하지 않을 거야'라는 뜻입니다. You won't~ 하면 '너는 ~ 하지 않을 거야'라는 의미가 됩니다.

You won't **like it!**	넌 안 좋아할 거야!
You won't **see me.**	넌 나를 못 볼 거야.
You won't **believe it.**	넌 그걸 믿지 않을 거야.

Can you **turn off** the lights for me?
불 좀 꺼줄래?

turn off는 전등이나 전자제품, 기계 장치 등의 '(전원이나 스위치를) 끈다'는 뜻입니다. 반대로 '(전원이나 스위치를) 켠다'고 할 때는 turn on을 씁니다.

Can you please **turn off** the music?	음악 좀 꺼줄래?
You have to **turn off** the gas first.	먼저 가스를 잠가야 해.
Please **turn off** your cell phone.	휴대전화 전원을 꺼주세요.

That's why you **told** me to come all the way over here?
그거 때문에 여기까지 오라고 한 거야?

tell은 '말하다, 이야기하다'인데 〈tell A to 동사원형〉 형태로 쓰면 'A에게 ~하라고 하다'라는 뜻이 됩니다. 누구한테 뭔가를 하라고 시킬 때 쓰기 좋은 표현이지요.

Tell **John** to come.	존에게 오라고 해.
I'll tell **her** to call you.	내가 그녀에게 너한테 전화하라고 할게.
He told **me** to clean up my room.	그는 내게 방을 청소하라고 했다.

You mean **Jason's party?**

제이슨의 파티 말하는 거야?

You mean~?은 Do you mean~?에서 Do가 생략된 형태로, 상대방이 방금 한 말의 의미나 의도를 확인할 때 자주 사용됩니다. You mean 다음에 확인하려는 내용을 덧붙이기만 하면 됩니다. You mean your friend Michael?(네 친구 마이클 말하는 거야?)처럼요. 간단하면서도 일상 대화에서 활용도가 높은 표현입니다.

You mean **she likes you?**	그녀가 널 좋아한다는 말이야?
You mean **you didn't go there?**	넌 거기 안 갔다는 거야?
You mean **my birthday party?**	내 생일파티 말하는 거야?

Is there anything else I can **do for you?**

다른 거 또 해줄 건 없어?

anything else는 '또 다른 무엇'이라는 뜻입니다. 식당에서 주문을 받던 웨이터가 Anything else?라고 물으면 더 주문할 게 있는지 물어보는 거예요. Is there anything else I can~?은 내가 해줄 수 있는 게 또 있는지 묻는 표현입니다.

Is there anything else I can **bring?**	제가 가져갈 수 있는 게 또 없나요?
Is there anything else I can **order?**	제가 주문할 수 있는 게 또 있나요?
Is there anything else I can **choose?**	제가 선택할 수 있는 게 또 있나요?

학습한 내용을 응용하여 영작해보세요.

1

_____

넌 거기서 네 짐을 못 찾을 거야.　　　　　보기 find, you, luggage, your, there, won't

2

_____

알람 시계 끄는 거 잊지 마.　　　　　보기 turn, alarm, off, don't, the, clock, forget, to

3

_____

난 그에게 다시는 그녀를 만나지 말라고 했다.　　보기 to, her, I, see, told, him, again, not

4

_____

너희 어머니 말이야?　　　　　　　　보기 your, mother, mean, you

5

_____

제가 덧붙일 수 있는 게 또 있을까요?　　　보기 anything, there, else, I, add, is, can

영어를 가리고 한국어를 보면서 바로 말할 수 있는지 체크해보세요.　🔊 33 02

☐ 약 먹고 있는데.	(I'm) Taking my meds.
☐ 잠깐만 와 봐.	Come here for a sec.
☐ 후회 안 할 거야!	You won't regret it!
☐ 불 좀 꺼줄래?	Can you turn off the lights for me?
☐ 그거 때문에 여기까지 오라고 한 거야?	That's why you told me to come all the way over here?
☐ 쓰레기도 내놔줘.	You can take the trash out too.
☐ 다음 주에 파티에 데려가줄게.	I'll take you to the party next weekend.
☐ 제이슨의 파티 말하는 거야?	You mean Jason's party?
☐ 쓰레기 내놓을게.	I'll take the trash out for you.
☐ 다른 거 또 해줄 건 없어?	Is there anything else I can do for you?

정답　**1** You won't find your luggage there. **2** Don't forget to turn off the alarm clock. **3** I told him not to see her again. **4** You mean your mother? **5** Is there anything else I can add?

어질러진 방 정리하기

케일린이 제시카를 보고 깜짝 놀랐어요! 무슨 일이죠?
아하! 엉망진창인 제시카의 방 때문에 놀란 거였네요!

 안녕하세요, 제시… 와, 저것 좀 봐!

 뭘요?

 제시카 방이요! 난장판이네요!

Live Talk

Jessica	I can't believe I didn't see how messy it was until now.
Caelyn	Do you think you can finish cleaning today?
Jessica	I feel like I can.
Caelyn	Alright.
Jessica	Pens go here, paper goes here. I like organizing my books in alphabetical order.
Caelyn	That helps you find the books you need easily.
Jessica	Exactly. Let's see… this book goes here, and this one goes here. Wait, I think one of the books is missing. I saw Sam reading that book. Did you hear that? I think I just heard the delivery person drop my new pants on the front porch? I'm going to come back to organizing later!

---

messy 엉망인　**finish cleaning** 청소를 끝내다　**organize** 정리하다　**in alphabetical order** 알파벳 순으로　**missing** 사라진, 실종된　**delivery person** 배달원, 택배 기사　**drop** 놓고[두고] 가다 **front porch** 현관　**come back** 돌아오다

제시카	지금까지 이렇게 어질러진 걸 못 봤다니 믿을 수 없네요.
케일린	오늘 다 치울 수 있겠어요?
제시카	할 수 있을 것 같아요.
케일린	좋아요.
제시카	펜은 여기에 넣고, 종이는 여기에.
	전 알파벳 순으로 책을 정리하는 게 좋아요.
케일린	그럼 필요한 책을 쉽게 찾을 수 있으니까요.
제시카	맞아요. 보자… 이건 여기로 가고, 이건 여기로 가야 하네.
	잠깐, 책 한 권이 없어진 거 같은데. 샘이 읽고 있는 거 봤는데.
	들었어요? 방금 택배 기사가 현관에 새로 산 바지 두고 가는 소리 같은데요?
	나중에 다시 정리하러 와야지!

Grammar Point

회화를 튼튼하게 해주는 문법 원 포인트 레슨을 확인해보세요.

지각동사 see/hear

영어에서 보고, 듣고, 느끼는 감각을 나타내는 동사를 '지각동사'라고 해요. 대표적인 지각동사로는 see(보다)와 hear(듣다)가 있습니다. 지각동사가 들어간 문장 중에서 〈지각동사 + 목적어 + 동사원형/현재분사(동사-ing)〉 구조를 자주 보게 돼요. 예를 들어 I saw you dancing.은 '난 네가 춤추는 것을 봤다.'라는 뜻이고 I heard you sing.은 '난 네가 노래 부르는 것을 들었다'는 뜻이에요. 목적어 뒤에는 동사원형이 와도 되고 현재분사(동사-ing)가 와도 됩니다.

- **I saw Sam reading that book.**
- **I heard the delivery person drop my new pants.**

I can't believe I didn't see how messy it was until now.

지금까지 이렇게 어질러진 걸 못 봤다니 믿을 수 없네요.

I can't believe~는 '믿을 수 없다'는 뜻으로 너무 놀라워서 믿기지 않을 때 사용하는 표현이에요. 너무 좋아서 믿기지 않을 때, 반대로 너무 슬프거나 충격적이어서 믿기 어려울 때 모두 이표현을 쓸 수 있습니다.

> **I can't believe you did that.**   네가 그런 짓을 했다니 믿을 수 없어.
> **I can't believe I lost my smartphone again.**
> 스마트폰을 또 잃어버리다니 믿기지가 않네.

I feel like I can.

할 수 있을 것 같아요.

feel like에는 '~가 된 기분이다', '~할 것 같은 기분이다'라는 뜻이 있어요. like 뒤에는 명사, 동명사, 절(주어+동사) 형태가 모두 올 수 있어요. '바보가 된 기분이야.'는 I feel like a fool.이라고 하고 '울고 싶은[울 것 같은] 기분이야.'는 I feel like crying.이라고 하면 됩니다.

> **I feel like I can do anything.**   뭐든 할 수 있을 것 같은 기분이에요.
> **I don't feel like myself today.**   난 오늘 다른 사람이 된 것 같은 기분이야.
> ➕ feel like에는 '~하고 싶다' 또는 '~을 먹고 싶다'라는 뜻도 있어요. '잠자고 싶어.'는 I feel like sleeping.
> 이라고 하고 '초밥이 먹고 싶어.'는 I feel like sushi.라고 표현할 수 있습니다.
> **I feel like Chinese food.**   난 중국 음식이 당기는데.

Let's see... this book goes here.

어디 보자… 이 책은 여기에.

let's는 let us를 줄인 표현으로 '(우리) ~하자'라는 뜻이에요. 따라서 Let's see는 '(우리) 한번 봅시다' 정도로 해석하면 됩니다. 말을 꺼내기 전에 생각할 시간이 필요할 때 자주 사용되는 표현이에요. Let's see. 대신 Let me see.라고도 합니다.

Let's see, what were we talking about?
어디 보자, 우리가 무슨 이야기를 하고 있었지?

Let's see, where did I put my glasses?   어디 보자, 내가 안경을 어디 뒀더라?

A: How many people will come? B: Let's see, I think it's about 50.
A: 몇 명이나 와요? B: 어디 보자, 50명쯤 올 것 같아.

I think one of the books is missing.

책 한 권이 없어진 거 같은데.

missing은 물건 등이 원래 있던 곳에서 '사라져 찾을 수 없는' 또는 사람이 '실종된'이라는 뜻입니다. 어려운 단어는 아니지만 사용법을 많이 혼동하는 단어입니다. '놓치다, 지나치다'라는 뜻의 miss에 -ing가 붙은 형태라고 생각하기보다는 'missing = 사라진, 실종된'이라고 외워두면 쓰기에 더 용이합니다.

Two of my books are missing.   내 책들 중 두 권이 없어졌어.
It tastes like something is missing.   뭔가 빠진 것 같은 맛이네.
He has been missing since last Friday.
그는 지난 금요일부터 실종 상태다.

I heard the delivery person drop my new pants. 택배 기사가 새로 산 바지 두고 가는 소리를 들었어.

hear는 지각동사입니다. 그래서 〈hear + 목적어 + 동사원형/현재분사〉 형태는 '~가 ~하는 것을 듣다'라는 뜻이에요. 목적어 뒤에 동사원형과 현재분사(동사-ing)를 모두 쓸 수 있는데, 현재분사를 쓰면 동사원형에 비해 현재 진행되고 있는 느낌을 줍니다.

I hear him cry in the evenings.   그가 우는 소리가 밤마다 들린다.
I think I hear someone singing nearby.
누군가 근처에서 노래하는 소리가 들리는 것 같다.
➕ 예전에는 택배기사 등의 '배달원'을 delivery man이라고 했는데 요즘에는 직업 이름에서 남성을 뜻하는 man을 잘 쓰지 않아 delivery person이라고 해요. fireman(소방관)을 firefighter로, policeman(경찰관)을 police officer로 쓰는 것도 같은 이유입니다.

Drill 1

학습한 내용을 응용하여 영작해보세요.

1

_____

네가 벌써 15살이라니 믿을 수가 없어.　　　　보기 I, already, you, believe, are, can't, 15

2

_____

지금 당장 날 수 있을 것 같아요.　　　　보기 now, feel, I, right, like, can, fly, I

3　A: Is there a bakery nearby?　　　B: _____
　　　A: 근처에 빵집이 있나요?　　　　　　B: 어디 보자, 이 근방에 하나 있는 것 같아요.

　　　　　　　　　　　　　　보기 think, let's, there's, one, here, see, I, near

4

_____

사라졌던 부품을 찾았어.　　　　보기 part, I've, missing, found, the

5

_____

사람들이 길에서 외치는 소리가 들린다.　　　　보기 shouting, in, street, I, the, people, hear

Drill 2

영어를 가리고 한국어를 보면서 바로 말할 수 있는지 체크해보세요.

☐ 지금까지 이렇게 어질러진 건 못 봤다니 믿을 수 없네요.	I can't believe I didn't see how messy it was until now.
☐ 할 수 있을 것 같아요.	I feel like I can.
☐ 어디 보자… 이 책은 여기에.	Let's see… this book goes here.
☐ 책 한 권이 없어진 거 같은데.	I think one of the books is missing.
☐ 샘이 그 책을 읽고 있는 거 봤는데.	I saw Sam reading that book.
☐ 택배 기사가 새로 산 바지 두고 가는 소리를 들었어.	I heard the delivery person drop my new pants.
☐ 뭐든 할 수 있을 것 같은 기분이에요.	I feel like I can do anything.
☐ 뭔가 빠진 것 같은 맛이네.	It tastes like something is missing.

정답　**1** I can't believe you are 15 already. **2** I feel like I can fly right now. **3** Let's see, I think there's one near here. **4** I've found the missing part. **5** I hear people shouting in the street.

서재 가구 재배치하기

마이클과 샘 부자가 가구 위치를 바꾸고 있어요.
든든한 샘의 도움으로 착착 진행되는 것 같네요.
샘과 마이클의 대화를 들어볼까요?

서재 가구를 재배치하려고 해요.

 혼자는 힘드실 텐데…
누구한테 도움을 청하지 그러세요?

네. 안 그래도 샘한테
도와달라고 해야겠어요.

Michael	Son! I know you're watching a movie, but could you help me move the furniture around in my study?
Sam	Yeah, sure. I can watch it sometime later.
Caelyn	Sam! That's so nice of you.
Sam	Well, I love helping my dad whenever I can.
Michael	Alright, Sam. Let's move this desk over here. Okay? On the count of 3, let's pick it up and move it against the wall. One, two, three!
Sam	Okay. Well, what else should we move?
Michael	Um… I would like to move this bookshelf against that wall.
Sam	Okay. We should probably take all the books out first. But, I think I smell something baking in the kitchen.
Michael	Um… You're right. Your mother must be baking something. Let's go eat and then come back.
Sam	Well, you gotta listen to your dad, right?

watch a movie 영화를 보다 **furniture** 가구 **study** 서재 **sometime later** 나중에 **on the count of 3** 셋을 세면 **pick up** 들다 **against the wall** 벽 쪽으로, 벽에 기대어 **bookshelf** 책장 **probably** 아마, 어쩌면 **take out** 빼다, 빼내다 **smell** 냄새가 나다, 냄새를 맡다 **must be -ing** ~하고 있는 게 틀림없다 **bake** 구워지다, 굽다 **come back** 다시 오다 **listen to** ~의 말을 듣다

마이클	아들! 영화 보고 있는 건 알지만, 서재 가구 옮기는 것 좀 도와주겠니?
샘	네, 물론이죠. 나중에 보면 돼요.
케일린	샘! 정말 착하네요.
샘	언제든 아빠를 돕는 걸 좋아하거든요.
마이클	자, 샘. 책상을 여기로 옮기자. 알겠지? 셋 세면 책상을 들어서 벽 옆에 다 붙이는 거야. 하나, 둘, 셋!
샘	됐네요. 또 뭘 옮기면 돼요?
마이클	음… 이 책장도 저쪽 벽으로 옮기고 싶어.
샘	네. 그럼 먼저 책을 다 빼야겠네요. 근데 부엌에서 빵 굽는 냄새가 나는 거 같은데요.
마이클	음… 정말이네. 엄마가 뭐 굽고 있나 보다. 먹고 다시 오자꾸나.
샘	아빠 말 잘 들어야겠죠?

Grammar Point

회화를 튼튼하게 해주는 문법 원 포인트 레슨을 확인해보세요.

지각동사 smell / listen to / watch

지각동사에는 앞서 소개한 see(보다), hear(듣다) 외에 smell(냄새 맡다), listen to(~을 듣다), watch(보다)도 있어요. see와 watch는 둘 다 '보다'라는 뜻이지만, see는 보이는 것을 본다는 의미이고 watch는 의도적으로 비교적 오랜 시간 동안 본다는 뜻이에요.

- I know you're watching a movie.
- I can watch it sometime later.
- I smell something baking in the kitchen.

hear와 listen to는 둘 다 '듣다'라는 뜻이지만, hear가 들리는 것을 듣는다는 어감이라면 listen to는 일부러 집중해서 듣는다는 의미가 강합니다. 영어 듣기평가가 listening test인 이유를 아시겠죠?

- You gotta listen to your dad, right?

That's so **nice** of you.

정말 착하네요.

nice(착한)나 kind(친절한)처럼 사람의 성격을 나타내는 형용사를 〈That's so/very + 형용사 + of + 사람〉 형태로 쓰면 '(그렇게 하다니) 참 ~하네요'라는 뜻이 됩니다.

> That's very **kind** of you.   참 친절하시네요.
> That's so **considerate** of you.   참 사려깊으시네요.
> ➕ 〈That's so + 형용사 + of you〉에서 무엇 때문에 그렇게 생각하는지 구체적으로 표현하고 싶으면 뒤에 to 부정사를 붙여주면 됩니다.
> That's so **nice** of you to **help me**.   저를 도와주시다니 참 착하네요.

I love **helping** my dad whenever I can.

언제든 아빠를 돕는 걸 좋아하거든요.

영어 단어 love는 '(남녀가) 사랑하다'라는 뜻으로만 쓰이는 건 아니에요. 음식이나 취미 등 아주 많이 좋아한다고 할 때 like 대신 love를 쓸 수 있습니다. '~하는 것을 무척 좋아한다'고 하려면 love 뒤에 동명사(동사-ing)를 붙여서 표현하면 됩니다.

> I love **talking** to my dad.   저는 아빠와 대화하는 걸 정말 좋아해요.
> She loves **walking** in the rain.   그녀는 빗속을 걷는 걸 무척 좋아해.
> Do you love **listening** to music?   너 음악 듣는 거 많이 좋아하니?

What else should **we move?**

또 뭘 옮기면 돼요?

What else?는 '또 뭐가 있을까?'라고 물을 때 쓰는 표현입니다. 선생님의 질문에 학생들이 이런저런 답을 했을 때 선생님이 What else?(또 뭐가 있을까?)라고 묻는 경우가 많지요. What else should~?는 '또 무엇을 ~해야 할까요?'라고 물을 때 씁니다.

What else should **we get?**	또 어떤 걸 가져올까요[살까요]?
What else should **I do?**	내가 또 뭘 해야 할까?
What else should **he say?**	그가 또 무슨 말을 해야 할까?

We **should probably** take all the books out first.

먼저 책을 다 빼야겠네요.

동사 앞에 should probably를 쓰면 '~해야 할 것 같아', '~하는 게 좋을 것 같아'라는 뜻이 됩니다. should만 쓰면 '~해야 한다'라는 뜻인데 probably(아마)를 써서 어감을 좀 부드럽게 만드는 거죠. '아마도'라는 뜻으로 maybe도 있지만 probably는 maybe보다 확률이 높을 때 씁니다.

We should probably **move the books.**	책을 옮겨야 할 거 같아요.
You should probably **hurry up.**	넌 서둘러야 할 것 같아.
We should probably **eat more vegetables.**	
우린 채소를 더 먹는 게 좋을 것 같아.	

You gotta listen to **your dad, right?**

아빠 말 잘 들어야겠죠?

---

listen to는 '(라디오나 음악 등을) 집중해서 듣다'라는 뜻인데, 뒤에 사람이 오면 '(그 사람이 하는 말을) 마음에 새겨듣다'라는 뜻이 됩니다.

Listen to **me.**	내 말 잘 들어.
You always have to listen to **him.**	너는 항상 그의 말을 잘 들어야 해.
Why should I listen to **you?**	내가 왜 당신 말을 들어야 하죠?

Drill 1

학습한 내용을 응용하여 영작해보세요.

1

당신은 도움이 많이 되네요.   보기 helpful, very, you, that's, of

2

난 가족과 여행하는 걸 정말 좋아해.   보기 I, my, love, with, family, traveling

3

우리 또 뭘 사야 할까?   보기 should, else, we, buy, what

4

우리 여기서부터는 걸어가야 할 것 같네요.   보기 should, we, from, walk, here, probably

5

앞으로는 네 말 잘 들을게.   보기 now, I, to, will, from, you, on, listen

Drill 2

영어를 가리고 한국어를 보면서 바로 말할 수 있는지 체크해보세요.   35 02

☐ 너 영화 보고 있는 거 알아.	I know you're watching a movie.
☐ 나중에 보면 돼요.	I can watch it sometime later.
☐ 정말 착하네요.	That's so nice of you.
☐ 언제든 아빠를 돕는 걸 좋아하거든요.	I love helping my dad whenever I can.
☐ 셋 세면, 그것을 들자.	On the count of 3, let's pick it up.
☐ 또 뭘 옮기면 돼요?	What else should we move?
☐ 먼저 책을 다 빼야겠네요.	We should probably take all the books out first.
☐ 부엌에서 뭔가 굽는 냄새가 나요.	I smell something baking in the kitchen.
☐ 네 엄마가 뭐 굽고 있나 보다.	Your mother must be baking something.
☐ 아빠 말 잘 들어야겠죠?	You gotta listen to your dad, right?

정답 **1** That's very helpful of you. **2** I love traveling with my family. **3** What else should we buy? **4** We should probably walk from here. **5** I will listen to you from now on.

친구에게 차 빌리기

제시카가 친구 키이라와 전화 통화 중이네요.
키이라가 제시카에게 차를 빌려주는 걸 보니 정말 친한 친구인가 봐요.
제시카가 왜 차를 빌리려고 하는지 이유를 들어볼까요?

키이라, 차 빌려줘서 넘 고마웠어.
근데 혹시 이틀 정도 더 빌릴 수 있을까?

 그럼~ 얼마든지!
근데 무슨 일인데?

Live Talk

Jessica	Hi, Kyra!
Kyra	What's up?
Jessica	Hey! Well, remember you let me borrow your car for two days? Could I borrow it for two more days?
Kyra	Sure! Why do you need it for two more days?
Jessica	Well, my friend Lina from Korea is here. I wanted to take her to some places out of town when we have the chance. Having a car made it so much easier for us to travel.
Kyra	Oh! When do I get to meet Lina?
Jessica	Hey! Why don't we all go to the outlet tomorrow? Are you free?
Kyra	Oh, sure. Sounds good.
Jessica	Thanks, Kyra. You're so kind. I'll have the car cleaned like new!
Kyra	Oh, seriously, you don't have to worry about cleaning the car.
Jessica	Well, I'll see you tomorrow. Bye!
Kyra	Bye!

borrow 빌리다 **chance** 기회, 가능성 **make it easy to** ~하는 것을 쉽게 해주다 **travel** 이동하다, 여행하다 **get to** ~하게 되다 **outlet** 아웃렛, 할인점, 직판점 **free** 시간이 있는 **seriously** 진심으로, 진지하게 **worry about** ~에 대해 신경 쓰다[걱정하다] **clean the car** 세차하다

제시카	안녕, 키이라!
키이라	안녕!
제시카	네가 나한테 이틀 동안 차 빌려줬잖아. 이틀 더 빌릴 수 있을까?
키이라	물론이지! 근데 왜 이틀 더 필요해?
제시카	한국에서 리나라는 친구가 와 있거든. 기회가 되면 동네 밖으로 여기저기 데리고 다니고 싶어서. 차가 있으니까 돌아다니기 훨씬 편하더라고.
키이라	어머! 난 언제 리나를 만날 수 있는 거야?
제시카	야! 그럼 내일 다 같이 아웃렛 가는 거 어때? 시간 돼?
키이라	당연히. 재밌겠다.
제시카	고마워, 키이라. 진짜 착해. 내가 차를 새것처럼 닦아줄게!
키이라	야, 진짜 세차는 걱정하지도 마.
제시카	내일 보자. 안녕!
키이라	안녕!

Grammar Point

회화를 튼튼하게 해주는 문법 원 포인트 레슨을 확인해보세요.

사역동사 make/have/let

사역동사는 누군가가 뭔가를 하도록 시키는 동사입니다. 사역동사에는 let(허락하다), have(시키다), make(만들다) 등이 있어요. 보통 〈사역동사+목적어+동사원형〉의 순서로 쓰입니다. 예를 들어 〈let+목적어+동사원형〉은 '~가 ~하게 허락하다'라는 뜻이에요.

• Remember you let me borrow your car for two days?

사역동사 〈have + 목적어 + 과거분사〉

〈have+목적어+동사원형〉은 '~가 ~하게 시키다'라는 뜻이에요. 그런데 동사원형 자리에 과거분사를 써서 〈have+목적어+과거분사〉라고 하면 '~이 ~되게 만들다'라는 수동의 뜻이 됩니다. 따라서 have the car cleaned는 '차가 세차가 되게 만들다'라는 뜻이에요. '세차가 되게'라는 수동의 의미이므로 과거분사 cleaned를 쓴 겁니다.

• I'll have the car cleaned like new!

Could I borrow it for two more days?

이틀 더 빌릴 수 있을까?

borrow는 '빌리다'이고, '빌려주다'라고 할 때는 lend를 씁니다. 정중하게 부탁하기 위해서 Could/Can/May I borrow~?(~을 빌릴 수 있을까요?) 형태로 쓰일 때가 많습니다.

Can I borrow your dictionary?	네 사전 좀 빌릴 수 있을까?
Could I borrow your truck?	네 트럭 좀 빌려줄 수 있어?
You let me borrow your car.	네가 나한테 차를 빌려줬잖아.

When do I get to meet Lina?

난 언제 리나를 만날 수 있는 거야?

〈get to+동사원형〉은 '~하게 되다'라는 뜻으로 일상 회화에서 많이 쓰이는 표현입니다. get to meet(만나게 되다), get to know(알게 되다)처럼 뒤에 동사를 붙여서 활용해보세요.

When do I get to see you?	언제 너를 볼 수 있는 거야?
I want to get to know you better.	널 더 잘 알고 싶어.
Recently, I got to think about you more.	
최근 들어서 너에 대해 더 많이 생각하게 됐어.	

I'll have the car cleaned like new!

내가 차를 새것처럼 닦아줄게!

여기서 have는 '~하게 하다[시키다]'라는 사역의 의미로 쓰였어요. 차가 세차되는 것이기 때문에 수동의 의미인 과거분사 cleaned를 썼어요. 이런 형태는 누구에게 시킬지가 중요하지 않거나 정확하지 않을 때 사용하기도 합니다. 만약 누구에게 세차를 시킬지 밝히려면 I'll have Sam clean the car.(샘에게 세차를 시킬 거예요.)와 같이 목적어 뒤에 동사원형을 사용해요.

I'll have my hair cut.	난 머리를 자를 거야. (다른 사람 시켜서)
I had my house painted.	난 집을 새로 칠했다. (다른 사람 시켜서)
My wife had me empty the trash can.	아내는 내가 쓰레기통을 비우게 했다.

Seriously, you don't have to worry about cleaning the car.

진짜 세차는 걱정하지도 마.

---

serious는 '심각한'이란 뜻이에요. 일상 대화에서는 serious를 '진지한, 농담이 아닌'이라는 뜻으로도 자주 사용합니다. 상대방이 너무 황당한 이야기나 제안 등을 했을 때 Seriously?(진지하게 하는 이야기야?)라고 묻기도 합니다. 농담이 아니라 '진지하게', 그냥 하는 말이 아니라 '진심으로' 말한다고 강조할 때 seriously를 붙이면 됩니다.

I seriously thought about quitting my job.
일을 그만두는 걸 진지하게 생각해봤어.

Seriously, how do you know me?
진지하게 묻는 건데, 저를 어떻게 아세요?

Seriously, why didn't you call me last night?
진지하게 묻는 건데, 왜 어젯밤에 나한테 전화 안 했어?

Seriously, you don't have to worry about cleaning the car.

진짜 세차는 걱정하지도 마.

---

worry about~은 '~에 대해 걱정하다' 또는 '~을 신경 쓰다'라는 뜻이에요. have to는 '~해야 한다'이고 don't have to는 '~안 해도 된다'이므로 don't have to worry about은 '~에 대해 걱정하지 않아도 된다'는 뜻이에요.

Don't worry about me. 내 걱정은 하지 마.

Don't worry too much about your future.
너의 미래에 대해 지나치게 걱정하지 마라.

Why worry about your ex-husband? 전 남편 걱정을 왜 하세요?

1

_____

휴대폰 충전기 좀 빌릴 수 있을까요?　　　　　　　보기 phone, your, I, borrow, charger, may

2

_____

그녀는 진실을 알게 됐다.　　　　　　　　　　　　보기 know, got, the, she, truth, to

3

_____

난 내 아들이 자기 방을 청소하도록 시켰다.　　　　보기 up, his, I, son, my, room, had, clean

4

_____

나는 진짜 익사하는 줄 알았어.　　　　보기 to, I, drown, thought, was, going, I, seriously

5

_____

넌 내 사업에 대해 걱정할 필요 없어.

보기 about, need, my, worry, don't, to, business, you

☐ 네가 나한테 이틀 동안 차 빌려준 것 기억하지?	Remember you let me borrow your car for two days?
☐ 이틀 더 빌릴 수 있을까?	Could I borrow it for two more days?
☐ 그 애를 동네 밖 여기저기 데리고 다니고 싶어서.	I wanted to take her to some places out of town.
☐ 차가 있으니까 우리가 돌아다니기 훨씬 편하더라고.	Having a car made it so much easier for us to travel.
☐ 난 언제 리나를 만날 수 있는 거야?	When do I get to meet Lina?
☐ 내일 다 같이 아웃렛 가는 거 어때?	Why don't we all go to the outlet tomorrow?
☐ 내가 차를 새것처럼 닦아줄게!	I'll have the car cleaned like new!
☐ 진짜 세차는 걱정하지도 마.	Seriously, you don't have to worry about cleaning the car.

정답 **1** May I borrow your phone charger? **2** She got to know the truth. **3** I had my son clean up his room. **4** I seriously thought I was going to drown. **5** You don't need to worry about my business.

피곤한 샘과 마이클의 잔소리

잔소리 듣는 걸 좋아하는 사람은 없겠죠?
그런데 마이클이 오늘 샘에게 한 소리 하고 있네요. 샘이 뭘 잘못한 걸까요?

저 지금 엄청 피곤해요.
씻기 전에 잠시 누워야겠어요.

 그 상태로 눕겠다고?
안 돼! 일어나. 당장!

Live Talk

Michael	Sam! What are you doing?
Sam	I'm tired. I just wanna lie down for a bit before I get myself to the shower.
Michael	No, that's gross. Get up. Now! Get yourself to the shower now!
Sam	Fine! Oh, god. I'm aching all over. You know, I just wanna lie here for 5 more minutes before I hit the shower.
Michael	Get up, Sam!
Sam	Okay.
Michael	You could've at least got Jessica to drive for you.
Sam	I got her to return the books I borrowed from the library. I couldn't ask her for another favor.

lie down 눕다, 누워 있다 **for a bit** 잠시 **get oneself to the shower** 샤워하러 가다 **gross** 더러운, 역겨운 **ache** 아프다 **all over** 곳곳에 **hit the shower** 샤워하다 **at least** 적어도, 최소한 **get A to B** A가 B하게 하다 **drive** 운전하다 **return** 반납하다, 돌려주다 **favor** 부탁

마이클	샘! 뭐 하는 거니?
샘	피곤해요. 씻기 전에 잠시 누워야겠어요.
마이클	안 돼, 더러워서 진짜. 일어나. 당장!
	얼른 샤워하러 가!
샘	알겠어요! 아이고. 온몸이 쑤신다고요.
	5분만 누워 있다가 샤워하러 갈게요.
마이클	일어나라 했지!
샘	알겠어요.
마이클	최소한 제시카에게 운전하라고 할 수도 있었잖니.
샘	도서관에서 빌린 책을 누나한테 반납해달라고 했단 말이에요.
	그래서 딴 부탁은 못하겠더라고요.

Grammar Point

회화를 튼튼하게 해주는 문법 원 포인트 레슨을 확인해보세요.

사역동사 get

뭔가를 하도록 시키는 것을 한자로 '사역(使役)'이라고 해요. 그래서 다른 사람에게 뭔가를 하도록 시키는 동사를 '사역동사'라고 합니다. 사역동사에는 앞에서 배운 let, have, make 외에 get도 있습니다. 그런데 get은 목적어 뒤에 동사원형이 아니라 to부정사가 온다는 차이점이 있어요. 즉, 〈get+목적어+to부정사〉 형태로 쓰이며 이는 '~가 ~하게 시키다'라는 뜻이에요. I got him to repair my car. 하면 '난 그가 내 차를 수리하도록 시켰다.'는 뜻이 됩니다. got은 get의 과거형입니다.

- **You could've got Jessica to drive for you.**
- **I got her to return the books.**

I'm aching all over.

온몸이 쑤신다고요.

'전 세계에'를 영어로 all over the world라고 하는 것에서 알 수 있듯이 all over는 '곳곳에, 모든 곳에'라는 뜻이에요. '내 얼굴 전체에'는 all over my face라고 하면 됩니다.

They came from **all over** the city.	그들은 도시 곳곳에서 왔다.
I looked **all over** the room for the coin.	난 그 동전을 찾으려고 방 곳곳을 뒤졌다.
I have pain **all over** my body.	난 온몸에 통증이 있어.

You could've at least got Jessica to drive for you. 최소한 제시카한테 운전하라고 할 수도 있었잖니.

〈could have p.p.〉도 〈should have p.p.〉나 〈would have p.p.〉처럼 과거에 대한 후회나 아쉬움, 질책 등을 나타낼 때 씁니다. I could have p.p.의 경우 '난 ~할 수도 있었는데'라는 후회나 아쉬움, You could have p.p.의 경우 '넌 ~할 수도 있었잖아'라는 질책을 뜻할 때가 많습니다. could've는 could have를 줄인 말이에요.

You could've told me that.	나에게 그걸 말해줄 수도 있었잖아.
You could've asked her.	그녀에게 물어볼 수도 있었잖아.
I could have been a doctor.	난 의사가 될 수도 있었는데.

You could've at least got Jessica to drive for you. 최소한 제시카한테 운전하라고 할 수도 있었잖니.

at least는 '적어도, 최소한'이라는 뜻이에요. 최소한의 금전적인 가치나 비용 등을 언급할 때도 쓰고, 힘든 상황에 처한 상대방을 위로하거나 격려할 때 쓰기도 해요. 다른 건 몰라도 '적어도 이 정도는'이라고 말할 때도 사용해요.

It will cost at least $300.   그거 적어도 300달러는 줘야 할 거야.

Clean your room at least once a week.   최소한 일주일에 한 번은 방 청소를 해라.

Most Korean families own at least one car.

대부분의 한국 가정은 적어도 차 한 대는 보유하고 있다.

I got her to return the books I borrowed from the library.

도서관에서 빌린 책을 누나한테 반납해달라고 했단 말이에요.

〈get + 목적어 + to부정사〉 형태인 걸로 봐서 get이 사역동사로 쓰인 경우예요. 이 형태는 '~가 ~하게 시키다'라고 해석하면 됩니다. return에는 '돌아오다'라는 뜻도 있고, '돌려주다, 반납하다'라는 뜻도 있어요. 테니스나 배구 등에서 서브(영어로는 service)를 받아 넘기는 것도 return이라고 해요. 받은 만큼 돌려주는 거죠.

She will get him to call you.   그녀는 그가 너에게 전화하도록 시킬 거야.

We have to get them to help us.   우리는 그들이 우리를 돕게 만들어야 해.

Mom will get me to clean my room.   엄마가 나한테 내 방을 청소하라고 시킬 거야.

I got her to return the books I borrowed from the library.

도서관에서 빌린 책을 누나한테 반납해달라고 했단 말이에요.

borrow는 '빌리다'라는 뜻이에요. '빌려주다'라고 할 때는 lend라는 동사를 씁니다. '네 책들을 빌릴 수 있을까?'는 Can I borrow your books?라고 하고, '내 책들을 빌려줄게.'는 I will lend my books.라고 해요.

How much money can I borrow?   제가 돈을 얼마나 빌릴 수 있을까요?

Jane borrowed my bicycle.   제인이 내 자전거 빌려 갔어.

I borrowed this idea from my teacher.

이 아이디어는 선생님께 빌려온 거야(이건 원래 선생님 아이디어야).

1

유럽 전역에서 온 정치인들이 회의에 참석했다.

보기 conference, politicians, from, joined, the, Europe, all, over

2

그 돈으로 더 나은 재킷을 살 수 있었을 텐데.

보기 money, you, bought, have, a, could, with, better, jacket, that

3

최소한 넌 아직 살아 있잖아.

보기 are, alive, at, still, you, least

4

그가 널 돕도록 시킬게.

보기 get, I'll, help, you, him, to

5

투자하기 위해 돈을 빌려야 할까요?

보기 money, should, borrow, to, invest, I

Drill 2

영어를 가리고 한국어를 보면서 바로 말할 수 있는지 체크해보세요. 37 02

☐ 씻기 전에 잠시 누워야겠어요.	I just wanna lie down for a bit before I get myself to the shower.
☐ 온몸이 쑤신다고요.	I'm aching all over.
☐ 제시카한테 운전하라고 할 수도 있었잖니.	You could've got Jessica to drive for you.
☐ 도서관에서 빌린 책을 누나한테 반납해달라고 했단 말이에요.	I got her to return the books I borrowed from the library.
☐ 딴 부탁은 못 하겠더라고요.	I couldn't ask her for another favor.
☐ 그들은 도시 곳곳에서 왔다.	They came from all over the city.
☐ 난 의사가 될 수도 있었는데.	I could have been a doctor.
☐ 엄마가 나한테 내 방을 청소하라고 시킬 거야.	Mom will get me to clean my room.

 정답 **1** Politicians from all over Europe joined the conference. **2** You could have bought a better jacket with that money. **3** At least you are still alive. **4** I'll get him to help you. **5** Should I borrow money to invest?

3분이면 뚝딱! 전구 교체하기

리나와 케일린이 영상통화 중이에요.
그런데 화면이 너무 깜깜하네요. 무슨 일이죠?

앗, 방금 불이 나갔어요.

 어머! 누구에게 도움을 좀 요청해야 할 것 같아요!

아무래도 그래야겠어요.

Lina	Hey, Sam. Are you busy?
Sam	Nope. What's up?
Lina	So, the lights went out in my room.
	Could you help me change the light bulbs?
Sam	Did you break the lights?
Lina	No, I didn't!
Sam	OK. Let me go grab the light bulbs.
	How many went out?
Lina	I think two.
Sam	OK. I'll be there soon.
Lina	Thank you.
Sam	Could you hold the chair for me?
Lina	Oh, sure!
Sam	Thank you. All done!
Lina	Thank you, Sam! You're the best!
	Have a good day!
Sam	You, too.

nope 아니(no의 비격식)　light 전등, 빛　go out (불이) 나가다　change 교체하다, 바꾸다　light bulb 전구　break 깨다　go grab 가져오다, 사 오다　hold 잡다　all done 다했다, 다됐다

리나	샘. 바쁘니?
샘	아니. 무슨 일이야?
리나	내 방에 불이 나갔어. 전구 교체하는 거 도와줄 수 있어?
샘	네가 전등 깬 거야?
리나	아니거든!
샘	알겠어. 가서 전구 가져올게. 몇 개 나갔어?
리나	두 개 같아.
샘	알겠어. 금방 갈게.
리나	고마워.
샘	의자 좀 잡아줄래?
리나	그럼!
샘	고마워. 다 됐다!
리나	고마워, 샘! 네가 최고야! 좋은 하루 보내!
샘	너도.

Grammar Point

회화를 튼튼하게 해주는 문법 원 포인트 레슨을 확인해보세요.

일반동사 과거형 평서문: ~했다

일반동사의 과거형은 지나간 일을 설명할 때 씁니다. 보통 현재형 동사에 -ed를 붙이면 과거형이 되지만 go(가다)의 과거형 went(갔다)처럼 불규칙하게 변하는 동사들도 있습니다. 이렇게 불규칙하게 변하는 과거형 동사들은 접할 때마다 외워두는 것이 좋습니다.

- **The lights went out in my room.**

일반동사 과거형 의문문: ~했어?

과거에 어떤 일을 했는지 물을 때는 일반동사 과거형 의문문을 이용합니다. 일반동사 과거형 의문문을 만들 때는 do의 과거형인 did가 문장 앞에 옵니다. 이에 대한 대답은 〈Yes, 주어 did.〉 또는 〈No, 주어 didn't.〉와 같이 말합니다.

- **Did you break the lights? - No, I didn't!**

Expression Point

What's up?
무슨 일이야?

What's up?은 미국에서 친한 친구들 사이에서 쓰는 인사말이에요. 원래 뜻은 '무슨 일 있어?' 인데 심각하게 묻는 표현이 아니라 '별일 없지?', '잘 지내지?' 정도의 인사라고 보면 됩니다. 이에 대한 대답은 Not much.(별일 없어.) 정도로 하면 됩니다.

Hey, buddy, what's up?   야, 친구, 별일 없지?
Not much, what's up?   별일 없어. 잘 지내지?
➕ What's up?과 비슷한 인사말로 What's going on? 또는 How's it going?을 쓰기도 해요.
What's going on, folks?   여러분, 별일 없으세요?

The lights went out in my room.
내 방에 불이 나갔어.

go out의 일반적인 뜻은 '밖에 (놀러) 나가다'입니다. 그런데 위와 같이 전기가 갑자기 나갈(끊길) 때도 go out을 써요. went는 go의 과거형이에요.

All the power went out at the plant.   그 공장의 전기가 다 나갔다.
Suddenly the lights went out at the airport.   갑자기 공항의 불이 나갔다.
➕ go out에는 '데이트하다', '사귀다'라는 뜻도 있어요
How long have you been going out with Dennis?
데니스랑 사귄 지 얼마나 됐어?

Did you break the lights?
네가 전등 깬 거야?

일반동사 현재형 문장을 의문문으로 바꿀 때는 do/does를 문장 앞에 붙이고, 일반동사 과거형 문장을 의문문으로 바꿀 때는 do의 과거형인 did를 문장 앞에 붙입니다. '너 ~해?'라고 물을 때는 Do you~?, '너 ~했어?'라고 물을 때는 Did you~?를 사용하세요.

Did you **do your homework?**	숙제 다 했어?
Did you **have lunch?**	점심 먹었어?
Did you **go to the hospital right away?**	병원으로 바로 갔어?

Could you **hold the chair for me?**

의자 좀 잡아줄래?

could는 can의 과거형이지만, Could you~?(~좀 해주시겠어요?)는 현재 공손하게 물어보
거나 허락을 구할 때 씁니다. Can you~?와 의미는 같지만 더 정중하게 물어보는 표현이에요.
please까지 붙여서 Could you please~?라고 하면 거절하기 미안할 정도의 부탁이 됩니다.

Could you tell me how I can get to the subway station?
지하철역에 어떻게 가는지 좀 알려주시겠어요?

Could you please send me the picture?
그 사진 좀 저에게 보내주실 수 있을까요?

Could somebody help me?　누가 저 좀 도와주시겠어요?

Have a **good day!**

좋은 하루 보내!

〈Have a good + 명사!〉는 '좋은 ~을 보내!'라는 뜻이에요. 보통 헤어질 때 서로 축복하고 격려
하는 의미로 쓰는 표현이에요. good 자리에는 great, nice 등의 형용사를 넣고, 명사 자리에
는 time, trip, weekend, vacation 등을 넣으면 됩니다

Have a **great weekend!**	좋은 주말 되세요!
Have a **wonderful vacation!**	멋진 휴가가 되길!
Have a **nice trip!**	여행 잘 다녀와!

Drill 1

학습한 내용을 응용하여 영작해보세요.

1

_____

오랜만이야! 잘 지내?   보기 what's, time, long, see, up, no

2

_____

불이 전부 나가서 읽던 것을 못 끝냈어.

보기 out, I, went, couldn't, finish, lights, reading, all, the, because

3

_____

새로 나온 '스파이더맨' 영화 봤어?   보기 film, did, "Spider-Man", new, you, see, the

4

_____

소금 좀 건네주실래요?   보기 please, could, salt, you, the, pass, me

5

_____

환상적인 하루 되길!   보기 fantastic, a, have, day

Drill 2

영어를 가리고 한국어를 보면서 바로 말할 수 있는지 체크해보세요. 38 02

☐ 바쁘니?	Are you busy?
☐ 무슨 일이야? / 잘 지내지?	What's up?
☐ 내 방에 불이 나갔어.	The lights went out in my room.
☐ 전구 교체하는 거 도와줄 수 있어?	Could you help me change the light bulbs?
☐ 네가 전등 깬 거야?	Did you break the lights?
☐ 아니, 내가 안 했어!	No, I didn't!
☐ 내가 가서 전구 가져올게.	Let me go grab the light bulbs.
☐ 몇 개 나갔어?	How many went out?
☐ 의자 좀 잡아줄래?	Could you hold the chair for me?
☐ 좋은 하루 보내!	Have a good day!

 정답 **1** Long time no see! What's up? **2** I couldn't finish reading because all the lights went out. **3** Did you see the new "Spider-Man" film? **4** Could you pass me the salt, please? **5** Have a fantastic day!

다재다능 존슨 남매

샘과 제시카는 관심사는 달라도 각자 잘하는 게 아주 많아요.
두 남매가 어떤 걸 잘하는지 함께 볼까요?

전 지금 샘이랑 같이 거실에 있어요.

 샘은 뭘 하고 있나요?

SNS 하느라 정신이 없네요.

Live Talk

Jessica	Sam, what are you doing?
Sam	I'm looking through my Instagram.
Jessica	Is there anyone you're following these days?
Sam	Yeah, I started following my favorite basketball player. He posts really funny pictures.
Jessica	Let me have a look.
Sam	No. Look at your Instagram, not mine!
Jessica	You know I don't do Instagram.
Sam	Ah, that's right. You don't watch the news, you don't play basketball, you don't do Instagram… You're no fun.
Jessica	Well… I cook, I play the violin, and I run.
Caelyn	Wow, Jessica! I didn't know you knew how to do all that!
Sam	Yeah, Jessica's good at everything.
Jessica	Sam's only good at social media.
Sam	Ha ha ha.

look through ~을 살펴보다, 자세히 보다 **follow** (SNS에서 다른 유저를) 팔로우하다, 뒤따르다 **these days** 요즘 **post** (SNS에서 사진이나 글 등을) 포스팅하다, 올리다 **have a look** 한번 보다 **mine** 내 것 **watch the news** 뉴스를 시청하다 **no fun** 재미가 없는 **be good at** ~을 잘하다 **social media** 소셜 미디어, SNS

제시카	야, 뭐 해?
샘	인스타 보는데.
제시카	요즘 팔로잉하는 사람 있어?
샘	응, 좋아하는 농구 선수를 팔로잉하기 시작했어.
	진짜 웃긴 걸 올린다니까.
제시카	나도 좀 보자.
샘	싫어. 내 것 말고 누나 거 보라고!
제시카	나 인스타 안 하는 거 알잖아.
샘	아, 그렇지. 누나는 뉴스도 안 보지, 농구랑 인스타도 안 하지… 노잼이야.
제시카	흠… 난 요리도 하고, 바이올린도 하고, 달리기도 하거든.
케일린	와, 제시카! 그걸 다 할 줄 아는지 몰랐어요!
샘	맞아요, 제시카는 다 잘해요.
제시카	샘은 SNS만 잘해요.
샘	하하하.

Grammar Point

회화를 튼튼하게 해주는 문법 원 포인트 레슨을 확인해보세요.

일반동사 현재형: (평소에) ~한다(습관)

'(평소에) ~한다'처럼 현재의 습관이나 일반적인 행동 패턴을 나타낼 때 일반동사 현재형을 사용합니다. 반대로 '(평소에) ~하지 않는다'는 do의 부정형 don't/doesn't를 동사 앞에 붙여요.

- **He posts really funny pictures.**
- **You know I don't do Instagram.**
- **You don't watch the news, you don't play basketball, you don't do Instagram…**
- **I cook, I play the violin, and I run.**

be동사 현재형: ~하다, ~이다, ~에 있다

be동사의 현재형은 주어의 현재 상태나 감정을 나타내기도 하고(~하다), 주어의 현재 신분을 나타내기도 합니다(~이다). 또는 주어의 위치를 나타내기도 해요(~에 있다).

- **You're no fun.**
- **Sam's only good at social media.**
- **Jessica's good at everything.**

I'm looking through my Instagram.

인스타 보는데.

look through는 신문이나 잡지 등의 기사를 빠른 속도로 '읽어 내려간다'는 뜻이에요. 시험 공부를 위해 밑줄 쳐가며 읽는 것과는 다르죠. 페이스북이나 인스타그램 등 소셜 미디어에 접속하면 타임라인에 올라온 글들을 쭉 읽어 내려가잖아요. 전형적인 look through의 모습입니다.

She looked through her notes before the interview.
그녀는 면접에 앞서 자신의 노트를 쭉 읽었다.

Harry looked through the magazine on the table.
해리는 탁자에 놓인 잡지를 읽어 내려갔다.

We looked through his Facebook page.
우리는 그의 페이스북 페이지를 읽어 내려갔다.

I started following my favorite basketball player. 좋아하는 농구 선수를 팔로잉하기 시작했어.

follow의 원래 뜻은 '따라가다'인데, 관심 있는 인물이나 단체의 소셜 미디어 계정을 꾸준히 보는 것도 follow(팔로우)한다고 하지요. 소셜 미디어의 급속한 확산으로 일상어가 된 단어입니다. 어디에서 팔로우하는지 나타내려면 전치사 on을 쓰면 됩니다.

I'm following him on Facebook.
나 그 사람 페이스북에서 팔로우해.

I've decided not to follow him on Twitter.
나 트위터에서 그 사람 팔로우 안 하기로 했어.

I used to follow my ex-boyfriend on Instagram.
인스타그램에서 전 남자친구를 팔로우했었어.

You know I don't do Instagram.

나 인스타 안 하는 거 알잖아.

I don't do(난 ~안 해)는 일반동사 현재형 부정문이므로 평소에 하지 않는 걸 말하는 표현입니다. 간단한 do 동사도 잘만 활용하면 할 수 있는 이야기가 대폭 늘어납니다.

I don't do business with my friends.　　난 친구들과는 같이 사업 안 해.
I don't do Twitter these days.　　　　　나 요즘 트위터 안 해.
I don't do my clothes shopping in the evening.
난 저녁에는 옷 쇼핑 안 해.

I cook, I play the violin, and I run.

난 요리도 하고, 바이올린도 하고, 달리기도 하거든.

play에는 '(악기를) 연주하다'라는 뜻도 있고 '(운동 경기를) 하다'라는 뜻도 있어요. 전자로 쓸 때는 악기 이름 앞에 the를 붙이는 반면, 후자로 쓸 때는 운동 경기 이름 앞에 the를 붙이지 않습니다.

Jessica can't play the flute.　　　　　　제시카는 플루트 연주 못 해.
At least I can play the tambourine.　　　적어도 난 탬버린은 연주할 수 있어.
Do you want to learn how to play the cello? 첼로 배우고 싶어?

Jessica's good at everything.

제시카는 다 잘해요.

be good at은 '~을 잘한다'는 뜻이에요. 반대로 '~을 잘 못한다'는 be poor at을 써서 표현합니다. '나 수영 잘 못해.'는 I'm poor at swimming.이라고 하면 됩니다.

He is good at dealing with people.　　그는 사람 다루는 걸 잘한다.
I'm really good at computer games.　　나 컴퓨터 게임 정말 잘해.
My mom is super good at cooking.　　우리 엄마는 요리를 끝내주게 잘해.

Drill 1

학습한 내용을 응용하여 영작해보세요.

1

_____

내 딸은 자기 블로그를 쭉 읽고 있어.　　보기 through, her, my, looking, is, blog, daughter

2

_____

난 예전에 도널드 트럼프 트위터를 팔로우했었어.

보기 used, on, Donald Trump, follow, to, Twitter, I

3

_____

난 넷플릭스 안 해(가입 안 했어).　　　　　　　보기 Netflix, don't, I, do

4

_____

크리스는 오케스트라에서 비올라를 연주한다.　보기 Chris, orchestra, in, viola, the, plays, the

5

_____

내 아들은 수학을 잘 못해.　　　　　　보기 not, son, is, good, my, at, math

Drill 2

영어를 가리고 한국어를 보면서 바로 말할 수 있는지 체크해보세요. 39 02

☐ 인스타 보는데.	I'm looking through my Instagram.
☐ 요즘 팔로인하는 사람 있어?	Is there anyone you're following these days?
☐ 좋아하는 농구 선수를 팔로우하기 시작했어.	I started following my favorite basketball player.
☐ 그는 진짜 웃긴 사진을 올린다니까.	He posts really funny pictures.
☐ 나 인스타 안 하는 거 알잖아.	You know I don't do Instagram.
☐ 누나는 뉴스도 안 보지.	You don't watch the news.
☐ 누나는 재미가 없어.	You're no fun.
☐ 난 요리도 하고, 바이올린도 하고, 달리기도 하거든.	I cook, I play the violin, and I run.
☐ 제시카는 다 잘해요.	Jessica's good at everything.

정답 **1** My daughter is looking through her blog. **2** I used to follow Donald Trump on Twitter. **3** I don't do Netflix. **4** Chris plays the viola in the orchestra. **5** My son is not good at math.

비 소식과 피크닉 계획

날씨는 앞으로의 계획에 많은 부분을 좌우하지요.
특히 여행이나 소풍이 다가오면 관심은 온통 그날의 일기 예보에 집중이 되곤 합니다.
마이클과 리나의 날씨에 관한 대화를 함께 보시죠.

오늘 유난히 더 신나 보이는데요?
즐거운 일 있나 봐요?

 맞아요! 제가 너무 들떠 있죠?

Lina	Because I'm going to go on a picnic this Friday!
Caelyn	Wow! I hope the weather will be nice there.
Michael	Lina. Did you say you were going to go on a picnic this Friday?
Lina	Yes, Michael.
Michael	Well, the weather forecast says it's going to rain on Friday.
Lina	Really? For real?
Michael	Yeah. There's a 90% chance of rain throughout the day.
Lina	If it rains, I guess I'll have to cancel the picnic.
Caelyn	Aw, Lina. You were so excited about the picnic.
Lina	I know…
Michael	Maybe we could schedule a family picnic next week!
Lina	That would be really awesome! Yay!

go on a picnic 피크닉[소풍] 가다   **weather** 날씨   **weather forecast** 일기 예보   **for real** 진짜의, 진심의   **chance** 확률, 가능성   **throughout the day** 하루 내내   **cancel** 취소하다   **schedule** 일정을 잡다, 시간 계획을 세우다; 스케줄   **awesome** 기막히게 좋은, 굉장한

리나	이번 금요일에 피크닉 가거든요!
케일린	와! 거기 날씨가 맑으면 좋겠네요.
마이클	리나, 이번 주 금요일에 피크닉 간다고 했었지?
리나	맞아요, 마이클.
마이클	음, 일기 예보에서 금요일에 비가 온다네.
리나	네? 진짜로요?
마이클	응. 그날 내내 비 올 확률이 90%야.
리나	비 오면 피크닉은 취소해야겠네요.
케일린	저런, 리나. 피크닉 갈 생각에 신나 보였는데.
리나	제 말이요…
마이클	다음 주에 가족끼리 피크닉을 가는 건 어떻니?
리나	그거 정말 좋겠어요! 예!

Grammar Point

회화를 튼튼하게 해주는 문법 원 포인트 레슨을 확인해보세요.

will ~할게, ~할 거야(순간 결정)

미래의 일을 나타낼 때 쓰는 will과 be going to는 뉘앙스의 차이가 있습니다. 주어가 사람일 경우 will은 화자가 말하는 순간의 '의지'가 담겨 있습니다.

- **I hope the weather will be nice.**
- **If it rains, I guess I'll have to cancel the picnic.**

be going to ~할 예정이야(미리 계획된 일)

반면 be going to는 미리 계획된 일이라는 느낌을 줍니다.

- **I'm going to go on a picnic this Friday!**
- **Did you say you were going to go on a picnic this Friday?**
- **It's going to rain on Friday.**

I'm going to go on a picnic this Friday!
이번 금요일에 피크닉 갈 거예요!

I'm going to 다음에 동사 원형이 오면 '난 ~할 거야'라는 뜻입니다. 앞서 설명한 대로 be going to는 계획에 따라 그렇게 한다는 느낌이 강합니다.

I'm going to **go to the park.**	저는 공원에 갈 거예요.
I'm going to **drive all day today.**	오늘 하루 종일 운전하게 될 거야.
I'm going to **do my homework tomorrow.**	나 내일 숙제 할 거야.

Did you say you were going to go on a picnic this Friday?
이번 주 금요일에 피크닉 간다고 했었지?

Did you say~?는 '너 ~라고 했지?'라는 뜻으로, 상대방이 전에 한 이야기를 확인할 때 씁니다. 전에 한 말에 대해 묻는 것이므로 뒤에 나오는 you were going to도 시제를 과거로 맞췄어요.

Did you say **you loved her?**	너 그녀를 사랑한다고 했지?
Did you say **you were afraid of pigeons?**	비둘기를 무서워한다고 했나?
Did you say **you wanted to go to Spain?**	스페인에 가고 싶다고 했던가?

There's a 90% chance of rain throughout the day. 그날 내내 비 올 확률이 90%야.

chance는 '가능성, 확률'이라는 뜻이므로 There's a chance. 하면 '확률[가능성]이 있어.' 라는 뜻이에요. 좀더 구체적으로 '~할 확률이 ~%야'라고 말하려면 There's a ~% chance of~라고 표현하면 됩니다.

There's a **15% chance of snow.**	눈 올 확률이 15%예요.
There's a **50% chance of winning the game.**	그 경기에서 이길 확률이 50%다.
There's a **10% chance of meeting him here.**	그를 여기서 만날 확률은 10%야.

There's a 90% chance of rain throughout the day. 그날 내내 비 올 확률이 90%야.

throughout이 week, month, year 등 기간을 나타내는 명사와 함께 쓰이면 '(그 기간) 내내'라는 뜻입니다. throughout my speech(내가 연설하는 내내), throughout the interview(인터뷰 내내)처럼 '(특정 행사나 일정이 진행되는) 내내'라는 의미로 사용되기도 합니다.

This museum opens throughout the year.
이 박물관은 연중(1년 내내) 운영합니다.

She wept throughout the trial. 그녀는 재판 내내 흐느껴 울었다.
Firefighters worked throughout the night. 소방대원들은 밤새 내내 작업했다.

Maybe we could schedule a family picnic next week!
다음 주에 가족끼리 피크닉을 가는 건 어떻니?

We could~는 '우리가 ~할 수도 있을 거야'라는 뜻인데, 앞에 maybe(아마도)가 붙으면 제안에 가까운 어조가 됩니다. 즉, Maybe we could~는 '어쩌면 우리 ~해도 되겠다', '혹시 우리 ~해도 괜찮겠다' 정도의 의미입니다.

Maybe we could go this week. 이번 주에 가도 되겠다.
Maybe we could have lunch together. 점심 같이 먹어도 괜찮겠어요.
Maybe we could be friends. 우리 친구 해도 될 것 같아요.

Drill 1

학습한 내용을 응용하여 영작해보세요.

1

나는 오늘 팀 회의에 참석할 거야.　　**보기** attend, I'm, to, going, the, meeting, today, team

2

점심 먹었다고 했던가?　　**보기** you, did, say, you, lunch, had

3

메달을 딸 확률은 15%야.　　**보기** 15%, of, winning, there's, a, medal, chance, a

4

인터뷰 내내 매우 피곤했어.　　**보기** very, I, was, the, tired, interview, throughout

5

어쩌면 우리 여기에 더 머물러도 되겠어.　　**보기** could, we, here, stay, longer, maybe

Drill 2

영어를 가리고 한국어를 보면서 바로 말할 수 있는지 체크해보세요. 🔊 40 02

☐	이번 금요일에 피크닉 갈 거예요!	I'm going to go on a picnic this Friday!
☐	거기 날씨가 맑으면 좋겠네요.	I hope the weather will be nice there.
☐	이번 주 금요일에 피크닉 간다고 했었지?	Did you say you were going to go on a picnic this Friday?
☐	일기 예보에서 금요일에 비가 온다네.	The weather forecast says it's going to rain on Friday.
☐	그날 내내 비 올 확률이 90%야.	There's a 90% chance of rain throughout the day.
☐	비 오면 피크닉은 취소해야겠네요.	If it rains, I guess I'll have to cancel the picnic.
☐	다음 주에 가족끼리 피크닉을 가는 건 어떻니?	Maybe we could schedule a family picnic next week!
☐	그거 정말 좋겠어요!	That would be really awesome!

 정답 **1** I'm going to attend the team meeting today. **2** Did you say you had lunch? **3** There's a 15% chance of winning a medal. **4** I was very tired throughout the interview. **5** Maybe we could stay here longer.

252

한 달 동안 B&B 가족과
쉬운 영어로 소통하기

·

You made it!

memo

memo

memo